• CUBE KID •

UN CHATON
qui s'est perdu → DANS LE
NETHER

Titre original : Diary of a Minecraft Kitten

Cher lecteur,
Si tu es un fan assidu de l'autre série de Cube Kid, « *Journal d'un Noob* »,
tu te souviens probablement avoir déjà croisé ce petit chaton, sous les traits de « *Eeebs* ».
C'est bien ce même chaton que tu retrouves ici, mais sous un nom différent : Billy.

Bonne lecture !

EDITIONS

www.404-editions.fr

404 éditions
un département d'Édi8,
12, avenue d'Italie, 75013 Paris.

Maquette : Axel Mahé
Relecture et corrections : Frédéric Lorreyte
Avec la participation d'Agathe Franck et de Saboten
Loi n° 49-956 du 16 juillet 1949 sur les publications destinées à la jeunesse,
modifiée par la loi n° 2011-525 du 17 mai 2011.

ISBN : 979-1-0324-0143-9
Dépôt légal : septembre 2017 - Imprimé en Espagne

· CUBE KID ·

UN CHATON
qui s'est perdu → DANS LE
NETHER

Traduit de l'anglais par Capucine Panissal
Illustrations de Vladimir « ZloyXP » Subbotin

CHAPITRE 1

Billy était **un vilain petit chaton**. **Très vilain**, à vrai dire.
Il **n'écoutait jamais** ce que lui disait sa mère. Elle lui répétait
pourtant à longueur de journée : « *Ne t'éloigne pas, mon fils.*
*C'est **dangereux** de se promener dans la forêt. Et si tu croises*
*une lumière violette... **enfuis-toi**, aussi vite que tu le peux.* »

Mais Billy **adorait** explorer les bois. Pour lui, ce n'était **pas
dangereux du tout.** La forêt était au contraire **très intéressante**
à ses yeux. Intéressante et **mystérieuse**. Il s'y rendait au moins
une fois par semaine, comme aujourd'hui, accompagné de ses deux

meilleurs amis, **Touffu** et **Miaou**. Ils avaient trouvé une prairie pour jouer. Elle était couverte de plein de jolies fleurs, toutes différentes. Ils faisaient **la course**, le gagnant serait celui qui en ramasserait le plus.

Billy a observé Miaou et Touffu **se battre** pour une mignonne petite orchidée bleue. Miaou a fini par faire **un croche-patte à Touffu** . qui est parti en roulé-boulé dans les hautes herbes. Elle s'est **empressée** de ramasser l'orchidée avant que Touffu ne se relève.

– **Hé !** a crié Touffu. **C'est pas juste !**

– Tu n'avais pas précisé que les croche-pattes étaient **interdits**, a-t-elle répondu.

Touffu s'est contenté de la **fixer longuement**, les oreilles rabattues.

Miaou a exhibé sa collection colorée.

— Regarde toutes ces fleurs, a-t-elle dit avec un grand sourire. On dirait bien que j'ai gagné.

— Pff, a répondu Touffu en jetant les siennes par terre. C'était bête comme jeu de toute manière.

— Je suis d'accord, a dit Billy. Je m'ennuie. On devrait peut-être rentrer ?

— Tu plaisantes, j'espère, a répondu Miaou.

Touffu a fait un pas en avant.

— On ne va pas se faire attraper de nouveau, d'accord ?

— Je sais, mais...

— Écoute, a dit Touffu. Nos parents refusent qu'on joue ici parce qu'ils sont jaloux. Ils ne supportent pas qu'on s'amuse autant.

— Il a raison, a dit Miaou. Est-ce que tu as déjà croisé des zombies ici ? En vrai, ils nous racontent des histoires rien que pour nous garder à la maison. Comme ça, c'est plus facile de nous faire faire le ménage.

Billy a poussé un soupir. Ils avaient peut-être raison. La forêt était vraiment le meilleur endroit pour jouer. Tellement de cachettes à explorer et de mystères à découvrir.

— D'accord, a répondu Billy. **On joue à cache-chat ?**

Il a eu droit à deux tapes amicales sur l'échine.

— **Ouais**, voilà ce que j'aime entendre !

— Ça, c'est le chaton que je connais !

Mais Billy ne se doutait pas que sa proposition allait avoir de si **graves conséquences**. Il aurait pourtant pu se douter que ces nuages sombres au loin n'annonçaient **rien de bon**. Ou ce vent glacial qui parcourait la prairie...

Mais Billy ne voyait que cette journée qui s'annonçait si **marrante**. Une journée à jouer et à explorer. À faire **des bêtises**.

Les chatons ont commencé à jouer.

— Tu devrais le faire en premier, a dit Touffu.

— **Pourquoi moi ?** a demandé Billy.

— Parce que c'était **ton idée**, bêta.

Billy hocha la tête. Il s'en fichait. Il aimait être le chat plus qu'il aimait se cacher. Et il savait que Touffu préférait rester là, **caché**, à ne rien faire. Il ne faisait pas beaucoup d'exercice et s'était déjà beaucoup fatigué pendant la cueillette des fleurs.

Miaou a lancé **un sourire moqueur** à Billy pendant que Touffu s'éloignait pesamment dans les bois.

– Je n'aimerais pas être à ta place, je connais **la meilleure** cachette du monde. Tu vas me chercher **pendant des plombes.**

Billy agita sa queue.

– J'aime bien les défis.

Un **vrai** défi. Il n'allait pas être déçu.

Il attendit que Miaou détale avant de **commencer à compter**. Il s'est arrêté à vingt avant de se lancer à leur recherche. Billy s'élança dans les collines, à travers les arbres. Il jeta un œil dans le moindre interstice, la moindre touffe d'herbe. Il courut à travers **toutes les vallées alentour.**

Mais il ne les a **jamais** retrouvés, pas même Touffu, qui pourtant était facile à dénicher d'habitude. S'étaient-ils **cachés ensemble ?**

Oui, s'est dit Billy. *Miaou a dû avoir pitié de lui et lui a montré sa* **cachette** *géniale.*

Il les a cherchés **partout, en vain**. Vingt minutes se sont écoulées, puis trente. Une première **goutte de pluie** s'est alors abattue sur son nez. Le reste du **déluge** n'a pas tardé à suivre.

Papi a dit qu'il n'y aurait que quelques gouttes aujourd'hui ! a pensé Billy. *Bien joué !* J'aurai bientôt besoin d'une **barque** si ça continue.

Il n'était pas préparé à ce qui allait suivre. Il est passé à côté de grands sapins et s'est retrouvé... au bord d'un **biome de montagnes**.

Je suis...
de l'autre côté de la forêt.

Il ne s'était **jamais** autant éloigné de chez lui. Il s'était tellement concentré sur sa recherche qu'il n'avait plus fait attention où il allait.

Il était perdu.

— **Hé !** il a crié. **J'abandonne !** Vous m'entendez ?

Sa petite voix **se noyait** dans le bruit des trombes d'eau qui tombaient autour de lui. Même si ses amis étaient juste à côté de lui, ils seraient **incapables de l'entendre.** Et ils n'étaient pas à côté de lui. Billy en était sûr. **Ils étaient malins.** Ils ne seraient pas partis aussi loin de chez eux.

*Je suis malin, **moi aussi,** a pensé Billy. Je vais trouver **une solution.** Je peux marcher à l'orée de la forêt, déjà. Si je m'y tiens, je finirai par retrouver la maison. Pas vrai ?*

Il a marqué une pause.

*Mais Touffu et Miaou ? Est-ce qu'ils sont en train de **me chercher ?** Ou de **m'attendre ?** Je ne peux pas **les abandonner.** Qu'est-ce que je vais faire ?*

Il pleuvait **de plus en plus fort.** Billy commença à **frissonner.** Il décida de retourner dans les bois afin de les trouver. C'était **la meilleure** chose à faire. **Le cœur lourd,** il se tourna vers les montagnes une dernière fois. Elles se sont éclairées sous **la lumière d'un éclair** et il vit... **des loups.**

Ils **avançaient lentement** vers lui. Il se sentait encore **moins rassuré**. S'il les avait vus, alors ils l'avaient vu **lui aussi**.

Puis il a entendu **leur hurlement**.

Il n'avait plus le cœur lourd, **non**. Il battait **à toute vitesse**, il pouvait le sentir jusque dans sa gorge.

Alors, **il s'est mis à courir**. Il a couru vite, **très vite**. Billy avait toujours été bon en course, mais il n'avait **jamais couru aussi vite**. Les arbres défilaient à toute vitesse. **La panique** a commencé à s'installer. Il ne savait pas du tout **où il allait**, mais il s'en fichait. Il cherchait à s'éloigner de ces **hurlements** et de ces grognements, à tout prix. Mais **peu importe** sa vitesse, il les entendait toujours derrière lui.

Les loups courent **vite**, **très vite**, eux aussi.

Billy s'est précipité **vers un fourré**. Les cris se répercutaient sur les arbres. Il pouvait même entendre les loups **renifler**, à la recherche de **son odeur**. Il a alors remarqué **une lueur violette** à travers les arbres et **s'est dirigé vers la lumière**.

Petit chaton qu'il était, il croyait voir **un écran d'eau violette...** flottant dans les airs... entouré de **pierres sombres.** Ça lui a fait **oublier** les loups pendant quelques instants. Il ne comprenait vraiment pas ce qu'il avait sous les yeux. Il n'avait **jamais rien vu de tel.** Bon, les humains construisaient des choses qui y ressemblaient, des... **portes,** mais ce qu'il voyait était **différent.** Déjà, c'était très, **très vieux.** On aurait dit que la forêt avait **poussé autour** de l'objet étrange. Était-ce **la lumière violette** mentionnée par sa mère ? Elle n'avait **pas l'air si dangereuse** que ça. La lueur paraissait plutôt **calme.** Voire **douce.** Il ne savait pas très bien pourquoi, mais Billy sentait qu'il devait **s'en approcher.** C'était comme si la porte l'appelait et **l'invitait à la rejoindre.** Et pourquoi devrait-il s'en empêcher ?

Ces **cabots pouilleux** n'allaient pas tarder à le retrouver et il se demandait ce qui pourrait bien **être pire**. Et puis la lumière le réchauffait. Elle était **plus chaude** encore que la lumière du jour. Plus chaude que le fourneau du fermier sur lequel il avait fait une sieste, une fois.

La chaleur de la lumière était **bienvenue** et **séchait son pelage** au fur et à mesure qu'il **s'en approchait**.

Soudain, **trois loups surgirent** des sous-bois.

Ils se sont **arrêtés** en voyant la lumière. Leurs grognements se sont transformés **en gémissements**. Après une courte hésitation, ils ont repris leurs grognements, fixant Billy, et **se sont approchés lentement**. Il était une proie **facile**, ils avaient dû voir pire qu'une lueur violette...

Billy **a reculé encore** vers la lumière. Les vagues de chaleur **troublaient sa vision**. Il sentait la lumière, derrière lui, **qui l'attirait**. Il a pensé à **ses amis**. Il espérait qu'ils allaient rentrer, **sains et saufs**. Il en était sûr, **ils y arriveraient**. Miaou savait toujours retrouver son chemin.

Ce fut sa **dernière pensée**
avant de **plonger dans l'écran de lumière.**

Sa vision devint **trouble,** et soudain il n'y vit **plus rien du tout.**
Billy ne serait **jamais plus un animal normal.** Plus jamais
il ne **grimperait** aux arbres ou **pourchasserait** des papillons. Des
histoires allaient parcourir les villages, à propos d'un **chaton étrange**
avec **des yeux violets** et à **la fourrure bleue.**

Il n'avait pas écouté sa mère
et s'était aventuré dans le Nether.

CHAPITRE 2

Billy **ne sentit rien** pendant quelques secondes. **Rien**, sauf **les battements de son cœur**. L'obscurité a peu à peu fait place à une vaste **étendue rougeâtre**. On aurait dit **une gigantesque caverne**. Billy ne pouvait plus voir le ciel, et **tout était sombre**.

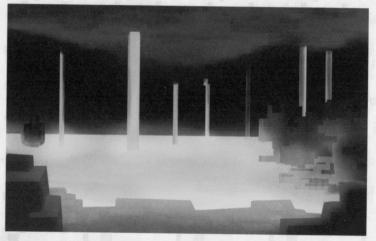

Des colonnes de **roches torturées** le cernaient de toutes parts. Il n'avait jamais vu ça. Tout autour de lui, **des coulées orange** se jetaient dans **une mer** de la même couleur.

Il avait déjà vu **ce truc orange**. Il y en avait une mare dans une plaine, pas très loin de chez lui. C'était **très chaud**, un peu comme du **feu liquide**. Billy et d'autres chatons s'en approchaient lorsqu'il se mettait à faire **très froid dehors**. Évidemment, sa mère l'avait grondé pendant des heures lorsqu'elle l'avait trouvé là-bas.

C'est sûrement pour ça qu'il fait si chaud ici, s'est dit Billy. Il s'est retourné, vers **le rideau violet**. Il avait parcouru des distances **gigantesques** en le traversant. Même s'il ne pouvait pas encore l'expliquer, il était sûr qu'il avait raison. Donc, cela voulait dire qu'il pouvait faire **marche arrière** à tout moment. Mais ces **sacs à puces** étaient sûrement toujours en train de l'attendre. S'il revenait maintenant, ils allaient **le manger tout cru**.

Non, a pensé Billy. *Je vais rester un peu. Je suis en **sécurité** ici. Encore un peu de **patience**...*

À ce moment précis, **un seul loup a surgi** du portail. Il était très près. Billy pouvait sentir **son haleine fétide** et l'odeur musquée de sa fourrure humide. Il l'a d'abord regardé **droit dans les yeux,** et le loup a fait de même. Aucun des deux ne bougeait. **Silence total.** Et puis **la surprise** du loup a laissé place à **la colère**. Ses dents **acérées** et ses grognements **sourds** ont forcé le chaton à se bouger. Il s'est enfui **plus vite** que la lumière.

Il doit avoir très faim, s'est dit Billy en sautant au-dessus d'un gouffre peu profond. *Pourquoi est-ce qu'il me **pourchasserait** jusqu'ici sinon ? Il aurait pu **oublier** mon existence au premier lapin venu !*

Il courut autour d'une colonne de roches d'un **jaune radieux**.
Les lapins doivent avoir meilleur goût en plus... **pas vrai ?**

Son chemin prit fin **assez vite**. Il freina pile avant de tomber dans **le vide**. La chute paraissait **vertigineuse**. Billy n'avait pas le vertige, évidemment. C'était un chat. Après des roulades innombrables dans la forêt et des **chutes incroyables** depuis les plus hauts des arbres, **il survivait à tout**. Il retombait **toujours** sur ses pattes. Mais retomber sur ses pattes dans **un océan de lave** ne le mènerait pas bien loin... Et c'était tout ce qu'il y avait à perte de vue.

Une mer de **feu**.

Le loup s'est **avancé** vers lui avant de s'arrêter. Il savait qu'il avait **piégé** Billy. Ce dernier **recula** jusqu'à atteindre le bord du gouffre. Son avenir lui paraissait drôlement **sombre**.

Allait-il finir **brûlé ?** Ou **mangé ?** S'il mourait maintenant, il ne pourrait pas **explorer** cet endroit ! Et **il fallait qu'il l'explore !** Ses yeux de **curieuse boule de poil** ne s'étaient jamais posés sur un monde aussi **fascinant**. La forêt, c'était rien à côté. Ou même le marécage ou le ravin. Ce monde allait devenir **leur nouveau terrain de jeu**. Mais il fallait d'abord qu'il s'occupe de son **pot de colle...** Soudain, Billy s'est rappelé de quelque chose que **Touffu** lui avait appris. Lorsqu'il chasse une proie, un loup peut devenir **négligent**. Le loup s'est élancé, et Billy a juste attendu **le bon moment**. Il s'est jeté sur le côté à une vitesse folle, même pour un chat. La mâchoire du loup s'est refermée sur du vide. C'est aussi là qu'il est **tombé, dans le vide.** Il a poussé un **gémissement** et a essayé de se retourner alors qu'il tombait. **Puis il a disparu.** Billy s'est rapproché du bord et a regardé vers le bas, vers la lave. Il n'y avait **rien**. *Le pauvre*, a pensé Billy. **Une vague de tristesse** s'est abattue sur le chaton. Tout ce qu'il voulait, c'était **s'enfuir...**

Et d'ailleurs, comment s'était-il déplacé **aussi vite ?**

Il remarqua qu'il était en train de **trembler**. Son cœur **battait la chamade** et il s'est soudain senti **exténué**. Il s'est éloigné du bord et s'est étalé sur le sol en poussant **un soupir**. Il y a une heure seulement, il ramassait des fleurs. **Et maintenant...**

Quelle poisse ! se dit-il. *C'est le pire jour de ma vie.* Il sentit un **souffle glacial** dans son dos. *Et c'est pas fini. Il faut encore que j'arrive à rentrer chez moi.*

Le portail n'était pourtant **pas très discret,** mais Billy avait couru vite, pendant longtemps, et il ne **le voyait plus**. Ce monde lui paraissait soudain **tellement** plus grand et **tellement** plus **effrayant**. Il avait un peu **froid**, malgré les vagues de chaleur de la fournaise. Il s'est roulé en boule. Il a rangé ses pattes et a enroulé sa queue autour de lui.

Qu'est-ce que je vais faire ? Je suis COINCÉ dans une caverne gigantesque, je ne sais pas du tout où aller. Mais... je suis malin, pas vrai ? Je vais m'en sortir, pas vrai ?

Il regarda autour de lui avec des yeux de **chaton apeuré**. Ils brillaient comme des nappes d'eau émeraude.

Qu'est-ce que je vais faire ?
Qu'est-ce que je vais faire ?

CHAPITRE 3

Alors qu'il **tremblait de peur**, Billy a commencé à entendre
des bruits étranges autour de lui. Ils semblaient loin. Dans
les **ténèbres**.

Il pouvait entendre comme **des cris de cochons**. Des bruits **horribles**
de **créatures rampantes**. Et quelque chose qui ressemblait à des
pleurs. Ses yeux devenaient de plus en plus grands à mesure des sons
qu'il entendait. Il s'est **ratatiné** contre la paroi en courbant le dos.

Il faut que j'évite de **paniquer** *cette fois, se dit Billy. Sinon, je vais*
me perdre. *Encore plus. Il faut que je puisse rebrousser chemin et*
retrouver le portail. **C'est ma seule issue.**

Soudain, les pleurs lui ont paru **très proches**. Il a tourné lentement
la tête, car il avait **peur** de ce qu'il allait voir. C'est alors qu'il l'a
remarqué : **une sorte de petit nuage blanc**. Et il flottait vers lui.
Non, il ne s'agissait pas d'un nuage. Parce qu'il avait un... **visage !**
Peu importe ce que c'était, il avait l'air **très triste**. Il était vraiment en
train de **pleurer**. **Des larmes bleues** coulaient le long de ses joues.

«Hiiiiiii!»

La **créature fantomatique** s'est mise à **crier** en apercevant le chaton.
Billy a **sursauté** comme s'il avait été **électrocuté**, la queue raide et les
poils dressés.

— **Ne me fais pas mal** ! a-t-il crié.

— Je fais **si peur** que ça ? a reniflé la créature. On dirait bien...
Je terrifie même **ce petit cube de magma...**

Il a recommencé à **pleurer**, des fontaines de **larmes bleutées**, cette fois.

— Un cube de **magma** ? a demandé Billy en s'approchant
prudemment de la créature étrange. Je suis **un chaton.**

— Un... **chaton** ?

Billy vit une sorte de méfiance, même dans ses yeux fermés.

— Je ne pense pas avoir déjà rencontré un chaton, a poursuivi la créature. Tu dois venir de **la Forteresse du Nether**, n'est-ce pas ?

— Je viens d'une forêt, en vérité.

— **Je ne comprends pas**, a reniflé le fantôme, alors que de nouvelles larmes apparaissaient aux coins de ses yeux. **Oh**, c'est pour ça que je n'ai **aucun ami** ! Je ne comprends **jamais rien à rien** !

Trop curieux, Billy s'est avancé. Il avait plein de questions. En plus, il n'avait pas l'impression que cette créature avait particulièrement envie de **le manger**.

— Pourquoi tu pleures ? C'est **un peu bizarre**, non ? Je pensais que les fantômes aimaient bien **faire peur aux gens**.

La créature volante flotta jusqu'au niveau du chaton.

— Je ne suis pas un fantôme ! **Je suis un ghast** ! Et je ne suis pas **bizarre** ! **TOUS les ghasts sont tristes** à propos de quelque chose. Certains d'entre nous pleurent parce qu'il n'y a pas de fleurs ici. D'autres parce qu'il fait trop chaud...

— Et toi ?

— Je pleure parce que... **je n'ai pas d'amis**, a dit le ghast en lui tournant le dos. C'est tout ce que je demande.

Le chaton **fixa intensément** le ghast. C'était la créature la plus **fascinante** qu'il ait jamais rencontrée. Si seulement il avait trouvé ce portail **plus tôt !**

— **Je serai ton ami,** a dit Billy.

— C'est **une blague**, c'est ça ?

— **Pas du tout.** En fait, je n'ai **pas d'amis non plus.** Du moins pas ici...

Le ghast s'est tourné vers lui.

— Tu es **vraiment** sérieux ?

— **Bien sûr !** Pourquoi je ne le serais pas ? Et je te présenterai aux amis de mon monde.

Le ghast a fait **une petite cabriole** dans les airs.

— C'est pas vrai, je dois être **en train de rêver !**

— Je ne pense pas, a dit Billy en observant ce nouveau monde. Les rêves ne sont **jamais aussi dingues.**

Le ghast a hoché la tête. **Il a même souri.**

Ils ne le savaient pas, mais ils venaient de vivre **un moment très spécial.** C'était la première fois qu'un **ghast de Minecraftia** ressentait **de la joie.** Leur amitié serait **documentée** dans les livres, et les scribes et les intellectuels allaient en discuter **des générations** durant.

CHAPITRE 4

Le ghast *(nommé Clyde)* a flotté près d'une masse de pierres jaunes.

— C'est de la **pierre lumineuse**. Elle éclaire les zones sans lave.

— **Lave**, a dit Billy. C'est **ce truc orange**, c'est ça ?

— Voilà.

Cela faisait pas loin de **deux heures** que le ghast expliquait son monde à Billy. Une visite guidée du **Nether**. Le chaton absorbait toutes ces informations, toutes, comme **les cochons-zombies** et **les blazes** qui volaient au-dessus de leurs têtes.

— Je me demande si je pourrais emporter un peu de pierre lumineuse, a dit Billy. **C'est joli**, je pense que ça plairait bien à...

— **Onk-onk**.

Un cochon-zombie venait de lui **rentrer dedans** en poussant un grognement. Billy est allé **se cacher** derrière Clyde en haletant.

— Ne t'inquiète pas. Tu te souviens de ce que je t'ai dit ? **Il ne te fera aucun mal.**

— Ah oui.

Le cochon-zombie les a fixé avant de s'éloigner **lentement**. Clyde a poursuivi sa visite. Mais **la curiosité** du chaton paraissait sans fin. Après chaque réponse, il posait **une nouvelle question**.

Pourquoi y a-t-il tellement de lave ?
Que sont les cochons-zombies ?
Avait-il déjà vu un vrai cochon ?

Que des questions comme ça. Le ghast ne semblait jamais embêté par ses questions. Le chaton aurait pu continuer indéfiniment, ça ne l'aurait pas dérangé. Pour la première fois de sa vie, le ghast avait la chance d'aider quelqu'un. Il s'était vraiment fait un ami.

À un moment, une chorale de grognements et de cris s'est fait entendre : des cochons-zombies, des cubes de magma, des blazes, des wither squelettes. Et même un enderman.

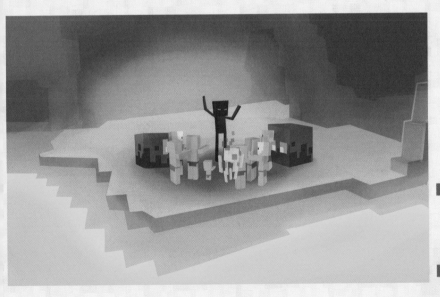

– **Wow !** a crié Billy. Je n'ai jamais vu **autant de monstres.**
Qu'est-ce qu'ils font ?

– **Des bêtises...** Tu vois cette grande créature ? Avec les yeux violets ?
Billy a hoché la tête.

– C'est **un enderman,** non ? J'en ai déjà vu un.

– Eh bien, les endermen ne s'aventurent **jamais** ici. **Sauf lui.**
Il s'appelle **Endernova.**

– Qu'est-ce qu'il fait là, alors ?

– À ce que j'ai compris, il a été **banni de son monde natal.** Même
les autres endermen **en avaient assez** d'entendre ses **idées folles.**
Le ghast venait de piquer **la curiosité** du chaton. *Waouh, c'est*
tellement mieux que de jouer à cache-cache ! **Une armée de**
monstres ! *Un enderman qui se fait virer de son monde !*
Quelle est la suite du programme ?

– On peut **s'approcher ?**
Clyde a marqué **une pause.**

– Je ne suis pas sûr que ce soit **une bonne idée,** Billy.

– **Pourquoi ?** Tu n'es pas **curieux** de savoir ce qu'ils se disent ?

– **Bon.** Mais ne les laisse pas te voir, d'accord ? Ils ne feront pas
attention à moi, **en revanche s'ils te voient...**
Billy a hoché la tête.

— Et si on **se cachait** sur ce rebord ?

Ce **duo** quelque peu étrange monta **discrètement** sur une petite colline surplombant **l'armée des enfers.** Un cube de roche du Nether suffisait à dissimuler le chaton.

Clyde **flottait** pas loin. Les monstres pouvaient très certainement le voir, mais ils ne faisaient **pas attention à lui.** Après tout, Clyde était un monstre, **lui aussi.** Ils étaient tous très occupés à écouter **Endernova** parler. Tous les yeux étaient rivés sur **le gigantesque enderman** qui se tenait au milieu de la foule.

— Nous devons récupérer **ce qui nous appartient** ! a-t-il crié avant de faire **les cent pas** et de brandir son poing. **On va tous les écraser !**

– **Rarg !** a crié un zombie en levant son épée en or. **Tou les craser !**

Les autres monstres se sont joints à lui en entamant un chant sinistre.

– Tou les croiser !

– **Tou les creuser !**

– **Tou les crasser !**

Ils se sont tus sur un geste d'Endernova.

– Il existe **un portail**, pas très loin d'ici. Notre **première attaque** commencera là-bas. Ce n'est qu'un **exercice**, rien de plus. Une fois que vous aurez vu à quel point **il est facile de détruire** leurs petits **villages**, vous comprendrez la vitesse à laquelle on pourra **reconquérir notre monde !**

Un gigantesque **wither squelette** s'est avancé et a fendu l'air de son épée.

– **Bla-bla-bla !** Parler ennui ! Quand je peux **couper** trucs ?

Un autre cochon-zombie a levé la tête et a crié :

– **Urggrgagrr**gr ! Moi vouloir casser !

– **Rargragr !** a crié un blaze plein de rage. **Gragragagzzz !**

Endernova a **ricané.** C'était **un son lent et corrosif** qui coulait le long des parois du Nether.

– **Oui !** Voilà ce que je veux entendre ! **Suivez-moi, mes frères !**

Allons leur montrer de quoi nous sommes **capables !** Qu'ils s'inclinent devant nous !

Un chœur de cris s'est élevé de la foule. L'armée a démarré sa marche, s'insinuant et **titubant** sur le sol rougeâtre. Les cris ont peu à peu disparu.

— **Je ne comprends pas,** a dit Billy. Qu'est-ce qu'il se passe ? Ils vont attaquer ? **Mais attaquer qui ?**

Clyde a détourné le regard.

— Ben, **euh...**

— **Dis-moi !** a crié Billy. Je suis **ton ami**, non ?

— Je... j'ai bien peur qu'ils soient partis **vers ton** monde.

Non, a pensé Billy, son sang se figeant dans ses veines. *Mais non. Pourquoi est-ce qu'ils voudraient* **vivre là-bas ?** *Ils n'aiment pas l'ambiance ici ?* Il pensa aussitôt à une question, **plus effrayante.**

— Attends un peu. Il a parlé d'un **portail**. Il parlait de celui par lequel je suis passé !

— **Sûrement**, a dit Clyde.

— Donc, ils vont attaquer **une ville qui est proche.**

— **Peuplée d'humains.** Les tiens ne craindront rien.

— Mais s'ils mettent **le feu ?**

Billy s'est soudain senti **très faible.** Sa tête tournait. Il a **trébuché.**

— Je dois **y retourner !** Je dois les **prévenir !**

Clyde a soupiré.

— C'est **dangereux** d'y aller, Billy. Ta mère voudrait que tu restes en **sécurité**. Tu le sais.

Billy a bondi, les yeux **pleins de colère**.

— Si c'était **ta famille**, hein ? Tu resterais planté là ? **Tu veux que...**

Billy s'est **effondré**. Il se sentait si **faible**, si **vide** et **impuissant**. Ses membres étaient comme faits de gelée. Qu'est-ce qui était en train de lui arriver ?

Clyde a foncé sur lui.

— Hé ! **Billy ! Ça va ?**

— Je... sais pas... Je... **suis...**

— Monte sur mon dos. Je connais quelqu'un qui pourra t'aider.

— Je... ne peux pas.

— Si tu veux vraiment **aider ta famille et tes amis**, alors tu y arriveras.

Billy **inspira un grand coup**. Il vit le visage de sa mère dans son esprit. Et Touffu. Et Miaou. Il prit son **courage** entre ses quatre pattes et se hissa sur le dos du ghast.

Quelques secondes plus tard,
il tomba dans les pommes.

CHAPITRE 5

Dans sa minuscule hutte de pierre, Eldra la sorcière travaillait dur.

Elle tourbillonnait autour de **ses potions**, perdue dans ses pensées. À l'aide d'une **bouteille d'eau** et d'une **verrue des profondeurs**, elle créa **une Potion Etrange Persistante**. Glou, **glou, glou.** La potion bouillonna vivement. Après y avoir ajouté **un soupçon de crème de magma**, elle fit **une Potion de Résistance au Feu.**

Bien entendu, Eldra ne s'arrêta pas en **si bon chemin**. Il ne suffisait que d'une pincée de **poussière de redstone** pour augmenter la durée de la potion de **trois minutes à huit**. C'est ce qu'elle fit, mesurant très attentivement les quantités. Encore des bulles et de la fumée, et il y eut même cette fois **une petite étincelle de feu**. Mais le jeu en valait la chandelle.

— **Parfait**, pensa-t-elle. Maintenant, je peux partir en quête de plus de **poudre de blaze** dans la forteresse voisine. Ces idiots de blazes ne vont pas lever une flamme contre moi. Après, je pourrais même prendre **un bain de lave**.

La sorcière a gloussé toute seule.

— Juste pour **rigoler**.

Tout à coup, elle **a froncé les sourcils**.

— Mais je ne devrais pas m'y aventurer sans au moins **une Potion de Régénération**. Qui sait quelles rencontres je pourrais faire ?

Elle ouvrit **son coffre à ingrédients** et y farfouilla. Yeux d'araignées... Poisson-lune... Poudre de blaze...

— **Non**, ça ne va pas du tout, pensa-t-elle. Où ai-je bien pu mettre cette **larme** de ghast ?

Parfois, quand un ghast **pleure**, l'une de ses larmes **durcit** et se **cristallise**. Cet ingrédient est **indispensable** pour préparer une

Potion de **Régénération**. Malheureusement, c'est un événement **très rare**. C'est pourquoi ces larmes sont **si prisées** par les sorcières comme Eldra.

Et elle était **totalement à court**.

Toutefois, par **une chance incroyable**, la solution à son problème venait tout juste d'arriver à sa porte.

Clang, clang !

— Qui est-ce ? demanda Eldra en continuant de fouiller dans ses tiroirs.

— **Moi...** Qui d'autre ?!

Étrange, pensa-t-elle. *La voix de Clyde sonne* **moins abattue** *que d'habitude.*

Tout **excitée**, Eldra virevolta, fondit sur la porte et s'arrêta juste pour jeter un coup d'œil par la fenêtre. **C'était bien lui** pourtant. Était-ce **une trace de sourire** sur son visage ? Il avait **presque l'air...** **heureux...** La sorcière **cligna** des yeux, comme si elle venait de voir passer **une vache volante**.

Elle appuya sur **le bouton** d'ouverture de la porte, puis s'avança dehors.

— Tu n'aurais pas pu choisir **un meilleur moment** pour venir, dit-elle. J'ai besoin d'une...

— Écoute, j'ai vraiment **besoin de ton aide**, intervint Clyde.

Eldra **soupira**.

— Combien de fois allons-nous parler de ça, Clyde ? Restons-en à **notre pacte**. Je deviendrai **ton amie** quand tu m'auras donné **mille de tes larmes**. Plus que **huit cent quatre-vingt-huit** ! Tu vois, tu n'es pas si loin du but.

La sorcière s'était montrée **un petit peu cruelle**. Le ghast était tellement **désespéré** de se faire des amis qu'il avait accepté il y a un an de donner à Eldra **mille** de ses larmes cristallisées. En échange, elle deviendrait **officiellement** son amie. Mais pas en vrai. Pas dans **son cœur**. Comment pourrait-elle devenir amie avec **un monstre pareil** ?

D'un autre côté, était-ce vraiment **si mesquin** de tromper ainsi le ghast ? C'était toujours **plus gentil** que de **le tuer**. Puisque leurs larmes étaient **si précieuses**, les ghasts étaient pas loin de devenir une espèce **en voie de disparition**.

Au final, la sorcière n'était **pas si méchante**. Surtout comparée à d'autres, comme **Endernova**.

— Ce n'est pas à propos de ça, dit Clyde. **C'est pour mon ami.**

Eldra **explosa de rire**.

— Toi ?

Elle gloussa de plus belle à **cette idée absurde.**

– Tu as **un ami** ?

– Aussi **incroyable** que ça puisse paraître, **oui**. Et il est... **blessé.**
Ou **malade**. Je ne sais pas.

– Où est-il ?

Le ghast s'abaissa jusqu'à toucher le sol.

– **Juste ici.**

La sorcière s'approcha. Elle se remit à **rire** en apercevant le chaton
inconscient qui reposait sur le ghast.

– Je ne demanderai même pas comment vous vous êtes **rencontrés,**
dit-elle. Et peut-on savoir exactement ce qui ne va pas chez **ton...**

Elle se **figea.** Ses yeux s'agrandirent tout à coup.

– C'est **impossible** ! Ce chaton... porte la **marque** !

— La marque ? **Quelle marque ?**

Eldra secoua sa tête.

— Oh, espèce de **stupide ghast !** Pourquoi ne me l'as-tu pas amené plus tôt ? **Dépêche-toi !** Confie-le-moi ! Il n'y a **pas une minute à perdre !**

Elle prit **délicatement** le chaton sans connaissance dans ses bras et **se rua** à l'intérieur de la hutte.

Clyde flotta jusqu'à la fenêtre et regarda à l'intérieur Eldra poser le chaton sur **son matelas de laine bleue.** La sorcière entama une série de **gestes étranges** au-dessus du corps sans vie.

C'est à ce moment-là qu'il remarqua **la taille de Billy.** Il avait **légèrement grandi** ; **ses griffes aussi.** Sa fourrure avait maintenant **une teinte bleutée.** Était-il en train de **changer ?** Mais pourquoi ? Est-ce que c'était **normal ?** Les chatons grandissaient-ils vraiment **si vite ?**

— Ça doit être **à cause de sa maladie,** soupira le ghast.

Il se sentait **si inutile.** Il ne pouvait rien faire d'autre que de flotter pendant que la sorcière **lançait ses sorts.**

— Billy va **se remettre**, se dit-il résolument. Elle trouvera quoi faire. Je ne sais pas ce qui est arrivé à mon ami, mais **elle saura quoi faire.**

CHAPITRE 6

Billy a **lentement** ouvert les yeux.

Il était allongé sur une surface **douce**. Il avait déjà dormi dans un endroit comme ça avant : **la maison du fermier**. Billy aimait les maisons. **Les vraies maisons.** Il y avait tant de choses confortables sur lesquelles dormir dans une vraie maison. Des poêles. **Des lits.** Des tapis. Bien mieux que **le tronc creux** qui lui servait de maison à lui. **Non,** il avait tort. Comment avait-il pu penser **une chose pareille ?** Sa maison était aussi **une vraie maison.** Il se souvenait de l'odeur du saumon, une odeur que l'on ne trouverait jamais dans la maison du fermier... Et **brusquement** il pensa à **sa mère**, à **ses amis.**

Sa maison.

Il devait rentrer. Il devait **les prévenir. Les sauver.**

Billy sauta sur ses pattes. Il était dans **une hutte en pierre** de...

Il n'arrivait plus à se rappeler du nom. Pierre du Nether ? Caillou du Nether ? Non, en quartz. **Quartz du Nether.** C'est ça. Où se trouvait Clyde au fait ?

À cet instant précis, il entendit **une voix** venant de l'extérieur. Une voix de **femme.**

— Ne le prends **pas mal**, mais je suis ravie de **te voir pleurer** de nouveau, disait-elle. Que ferais-je sans tes larmes ? Plus que **huit cent quatre-vingt-sept**, au fait.

— J'espère seulement qu'il **va bien.**

Les oreilles du chaton se dressèrent.

Clyde ?

Billy sauta du lit à travers la fenêtre. Le ghast était dehors, faisant face à **une femme étrange** qu'il n'avait jamais vue auparavant. Tous deux se retournèrent vers lui.

— **Pas possible** ! s'exclama Clyde. **T'es déjà réveillé !**

— Presque.

Billy frotta ses pattes contre ses yeux.

— Alors... **qu'est-ce qui s'est passé ?**

— Quelque chose **d'extraordinaire**, répondit la sorcière.

Le chaton lui lança un regard troublé.

— Qui êtes-vous ?

— Je te présente **Eldra**, dit Clyde. C'est **une sorcière**. C'est la seule personne à qui je pouvais penser pour t'aider. **Et elle a réussi.**

— **Honnêtement**, je n'ai pas fait grand-chose. Tout ce que j'ai fait, c'est te donner **un peu de lait**, c'est tout.

– J'y **comprends** rien, dit Billy. Est-ce que quelqu'un peut enfin m'expliquer ce qui se passe ?

Eldra hocha la tête.

– Tu as été **choisi**.

– **Choisi ?** Par qui ?

– **Le Nether.**

Clyde flotta plus près.

– Le Nether t'a trouvé, Billy. **Il t'a appelé !** Ton arrivée ici n'est pas **un accident**.

Hein ? Ça n'a aucun sens, *pensa le chaton. Est-ce que je suis en train de* **rêver ?**

Il secoua sa tête.

– Qu'est-ce que ce monde voudrait d'un chaton comme moi ?

– **Ta pureté**, répondit la sorcière. **Ton innocence. Ton courage. Ton amour.** Il faut que tu comprennes que le Nether n'est pas un endroit **maléfique**. Il est rempli de **ténèbres**, mais il n'est pas maléfique. Toutefois, nombre de **ses habitants le sont**. Le Nether avait besoin **d'un champion**, et comme il n'a pas pu en trouver un ici, eh bien... il a cherché ailleurs. Et il t'a trouvé, **toi**.

Billy **vacilla**. Il avait la sensation que son corps était **différent**.
Enfin, sûrement se sentait-il encore **un peu faible**. Il écarta
ces pensées.

– **Un champion** pour quoi ?

Mais alors qu'il posait la question, Billy s'aperçut que c'était la seule
chose dont **il connaissait déjà la réponse**.

– Endernova veut **envahir l'Overworld**. Il est **terrifiant** !

– Et si cela devait arriver, le **Nether** serait dans **de beaux draps**,
continua Eldra. **L'Ender aussi**. Vois-tu, Endernova ne s'arrêtera que
quand **il dirigera les trois mondes**.

– Je crois que je comprends.

Billy fit **une courte pause**. Était-il en train de devenir **plus
intelligent** ? D'habitude, il n'aurait rien compris à ce genre de trucs.

– Le Nether veut **l'arrêter** avant qu'il ne devienne **trop puissant**,
c'est ça ?

La sorcière sourit.

– **Exactement**.

– Mais... même si je veux aider, que puis-je faire ? **Je ne suis
qu'un chaton**.

Tandis que Billy prononçait ces paroles, Clyde fit encore **cette tête**.

C'était la tête du « *Je veux pas que mon ami* **flippe**, *alors je vais juste* **rien dire** ».

Eldra n'était pas si attentionnée. Elle afficha **un petit sourire en coin** en le jaugeant des pattes à la tête.

– **Plus** maintenant.

Billy suivit son regard.

Sa fourrure noire avait pris **une teinte d'un bleu vibrant**. Ses griffes étaient un peu **plus grandes**, noires et épaisses. Et **acérées**.

Il était aussi **plus grand** et **plus fort**. Presque aussi grand qu'un **puma** adulte.

Billy tendit ses pattes pour les examiner, bougeant chaque extrémité.

C'étaient presque **des mains humaines**.

– Qu'est-ce... **qui m'est arrivé...** ?

– Ce n'est **pas mal** du tout, renchérit immédiatement Clyde. Dis-toi qu'au moins, comme ça, tu n'auras **plus jamais** à craindre les loups.

La sorcière posa une main sur son épaule.

– **Le Nether t'a changé.** T'a rendu **plus fort**. Et t'a accordé... des **pouvoirs**, disons. Quand tu auras **appris à les contrôler**, les sbires d'Endernova s'étaleront devant toi, tels **des navets** pendant la moisson.

Le ghast réussit à afficher **un mince sourire**.

– **Le chaton du Nether,** ça sonne plutôt cool, non ?

Billy était **horrifié**. Les pensées tournoyaient dans sa tête. C'était **beaucoup trop** pour lui. Qu'allait penser sa mère ? ses amis ?

Il allait devenir un **paria**.
Il serait exilé...
exactement **comme Endernova**.

Billy se mit à penser à la maison encore une fois. Sa vue **se brouilla**, tandis que ses yeux se **remplissaient de larmes**. Il les sécha de sa patte griffue et fit **un signe de tête** à ses deux amis.

— Merci, **Clyde**. Merci, **Eldra**.

Puis **il partit**.

Le paysage rouge et **morne** du Nether défilait à toute vitesse.

— **Attends !** appela Clyde. **Billy !** Il y a encore plein de choses qu'il faut que **tu saches** !

Billy **ignora** les cris de son ami. Il avait déjà perdu **assez de temps**.

Un **cauchemar** *complètement fou*, pensa-t-il en sautant par-dessus un ruisseau de lave. *Une hallucination causée par le stress. Ou peut-être que tout cela est vraiment en train d'arriver,* *peut-être que le Nether m'a* **vraiment transformé** *en une sorte de* **monstre bizarre**. Il passait maintenant à **toute allure** à travers une plaine de pierres rougeâtres.

Ça devait être vrai, car il pouvait maintenant **sentir** l'emplacement du portail à travers la pierre. Il bondit de saillie en saillie et dévala le terrain jusqu'à ce que la porte de **lumière violette** se retrouve juste en face de lui.

Il ne savait pas grand-chose du Nether, de ce dont il était capable et du **genre de magie** qu'il avait utilisé sur lui.

Était-ce **une malédiction ? un miracle ?**

Il n'y avait **qu'une seule chose** qu'il savait pour sûr, là maintenant.

Il n'était **qu'un pion** dans un jeu dangereux... et il n'avait pas d'autre choix que de **« jouer »**.

Armé de cette seule **certitude**, il chassa ses peurs et ses doutes, comme s'il ne s'agissait de rien de plus que de toiles d'araignée à l'entrée d'une mine.

Tenez bon, pensa-t-il en bondissant vers le portail.

Maman... Miaou... Touffu...
J'arrive !

CHAPITRE 7

Bon, résumons. Il y a cet endroit qui **s'appelle le Nether.**

C'est un monde **sombre.** Un monde **sans pitié.** Un monde qui devrait **ne rien avoir à faire** avec des chatons.

Et pourtant **ce monde a choisi** un chaton pour **le protéger.**

C'était peut-être **un meilleur choix** que d'élire un cochon-zombie.

Alors, ce monde **a appelé le chaton, l'arrachant** à son monde, **l'Overworld,** lumineux et plein d'arbres.

Plus tard, le Nether lui a accordé **des aptitudes spéciales** pour l'aider dans son combat contre les hordes du mal.

Ce chaton s'appelait **Billy.**

C'est maintenant un chat plutôt **stylé.**

Il essayait de **s'échapper du Nether**.

La chaleur **intense** ne lui posait plus aucun problème.

Et les volutes de fumée qui autrefois lui **piquaient les yeux** ne lui faisaient plus rien à présent.

La lave. L'obscurité. Le sol bouillant sous ses pattes. Il ignorait toutes ces choses tandis qu'il courait en direction du portail.

Le portail.

Son ami Clyde lui avait appris ce mot.

Le portail était **un passage** reliant deux mondes. Il ressemblait à un grand écran **d'énergie violette** cerclé de pierre noire.

Billy ne pouvait s'empêcher de penser à Clyde.

Je suis **désolé***, pensa-t-il.* **Pardonne-moi** *pour être parti sans t'écouter, Clyde. Je vais* **revenir***. Il le faut, parce que je dois* **te remercier***. Et* **cette sorcière** *aussi. Elle m'a soigné de cette* **sorte de maladie** *que j'avais.*

Billy s'efforça de **ne plus penser** à ses nouveaux amis.

Je suis sûr qu'ils **comprennent.**

Billy devait à tout prix **traverser** ce portail. Il devait quitter ce monde et **retourner dans le sien**. Tout à coup, c'était **la seule pensée** qui restait dans son esprit.

Non.

Il y avait **une autre** pensée.

Des monstres de ce monde se dirigeaient **vers le sien. Pour attaquer,** pour **détruire.** Et pour **soumettre** l'Overworld à leur volonté.

Bien entendu, il fallait que Billy prévienne sa famille et ses amis avant que **le pire** n'arrive.

Il ralentit à l'approche du portail. Sa **gigantesque** silhouette d'obsidienne le surplombait. Il n'avait plus qu'à le traverser, comme il l'avait fait avant, et **il serait de retour.**

Soudain, **son cœur se glaça.**

Il **craignait** ce qu'il allait trouver en arrivant dans **l'Overworld.**

Peut-être les monstres avaient-ils **déjà...**

Une image terrifiante est apparue dans son esprit...

Non ! *Pas moyen que quelque chose comme ça* **arrive !**

Ces cochons-zombies sont **bien trop lents !**

Il chassa ces **terribles pensées**, mais une autre les remplaça **immédiatement.**

Ça suffit, se réprimanda-t-il. *Assez de temps perdu !*

Il bondit à travers **la brume violette.**

Comme il s'y attendait, **tout devint noir.**

Il ferma presque les yeux. Il avait **tellement peur** de tomber sur un **spectacle d'horreur.**

Mais c'est alors que **les ténèbres** firent place à...

Des tons **verts** et **bruns. Ni feu ni cendres.** Rien ne brûlait. Il fit un pas en avant, vers le fourré où les loups l'avaient presque attrapé.

Les arbres étaient **toujours là**, tout comme l'herbe et les fleurs ; et soudainement Billy s'aperçut comme la forêt **sentait bon**. Il n'y avait jamais pensé, jusqu'à maintenant. En fait, même le marais **sentait meilleur** que le Nether. Cet endroit était **terrible** pour une truffe de chaton.

À cet instant, il prit conscience d'une **nouvelle odeur**. Une odeur familière, comme **des champignons pourris**.

C'était l'odeur d'un **cochon-zombie**. **Beurk.**

Il renifla et renifla, détectant de nouvelles odeurs dans l'air. Ce fumet de cendre était celui d'un **blaze**, et cette odeur âcre provenait sans aucun doute des **cubes de magma**.

Ils étaient... ici.
Quelque part. Pas loin.
Peut-être juste **derrière** cette colline.

Un **immense soulagement** l'envahit. Les monstres étaient stupides et lents ; ils n'avaient **pas encore** atteint sa maison. Elle était loin de cette région, de **l'autre côté de la forêt**.

Les rouages de son cerveau tournaient **comme jamais** auparavant. Les monstres n'avaient pas non plus atteint le village, où vivaient les villageois. Il se trouvait **encore plus loin**, dans les plaines de l'autre côté de la forêt.

Donc, puisque Billy était maintenant **si rapide**, il pouvait atteindre sa maison avant que les monstres n'arrivent.

Évidemment, il avait tout de même **très envie** de savoir ce que ces monstres **fabriquaient**. Qu'est-ce qu'ils faisaient encore ici, dans la forêt ?

N'auraient-ils pas dû avoir **déjà attaqué le village** à l'heure qu'il est ? Mais qu'est-ce qu'ils pouvaient bien être **en train de faire** ?

Il n'en avait pas la moindre idée, ce qui signifiait... qu'il avait besoin de **le découvrir**. Il hocha la tête **d'un air décidé**.

Peu importait à quel point le Nether l'avait changé, il ne pouvait rien faire pour entraver **sa curiosité de chaton**.

Utilisant **sa truffe** pour le guider, Billy partit en direction des monstres. **Lentement** pour commencer, jusqu'à ce que peu à peu il se mette à **bondir** entre les champignons et **se faufiler** dans les hautes herbes.

CHAPITRE 8

Billy **grimpa** une colline. Chaque pas le rapprochait de la **puanteur des monstres**, et les grognements devenaient **plus forts**. Quand il atteignit enfin le sommet, il s'aplatit dans l'herbe et jeta un coup d'œil de l'autre côté.

Son cœur se mit à battre plus fort. **Ils étaient là.**

Tous.

Des **blazes** aux **wither squelettes**. Une troupe **grognante** de morts-vivants et autres **créatures féroces**.

Et au milieu de cette armée... **Endernova**. Toutefois, la peur du chaton **s'évapora** bientôt. En fait, il dut même **se retenir** de ne pas éclater de rire.

Il se **rapprocha** pour avoir une meilleure vue.

Les monstres étaient... **en train de tituber** et de **trébucher** les uns sur les autres. À un moment, un cochon-zombie s'est même cassé la figure dans l'herbe.

Puis un second cochon-zombie **buta contre lui**, vola dans les airs et entra **en collision** avec un troisième.

Le spectacle était **absolument ridicule**.

Une armée de monstres **terrifiants, chancelant** dans un champ de pâquerettes.

Leurs cris **attirèrent** son attention. Billy **tendit l'oreille** pour chercher à comprendre ce qu'ils se disaient.

– Ça fait **mal** !

criait un cochon-zombie.

Mes zyeux !

Un blaze **sifflait** et **crépitait**.

– Maîîîîître...

Moi pas voir !

– **Urgggg** !!

Un wither squelette **s'effondra**
en laissant tomber son épée.
Le squelette **pointa son doigt**
osseux en direction **du soleil**.

– **Truc jaune** carré ! Là-haut ! Trop... **brillant** !

Un autre wither squelette était occupé à **frapper un arbre**.

– Moi faire bien, **maître ?** Moi **taper** !

Un cochon-zombie est venu **rejoindre** le squelette.

55

— Moi aussi, **maître !**

Le wither squelette avait apparemment réussi à **coincer son épée** dans l'arbre.

— **PatroOOn**, mon népée ! L'ennemi est **trop fort !**

Le **gigantesque** enderman poussa un long soupir.

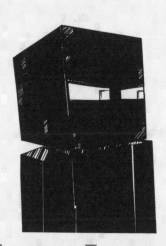

— C'est un arbre, **bande d'imbéciles !!**

Le wither squelette se tourna vers **Endernova**, puis de nouveau vers l'arbre.

– Comment moi savoir, **patron ?** Mes zyeux marchent pas maintenant !

Le cochon-zombie continuait de frapper l'arbre.

– Moi veux **taper** trucs !! Alors... moi **taper** !

Un grand nombre de cochons-zombies se mirent à **se tordre** sur le sol en **couvrant leurs yeux** de leurs mains et en **hurlant**.

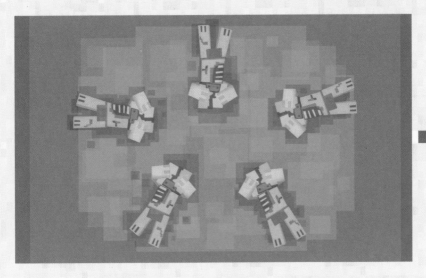

– Urggh !! **Maîîître !!** Faire partir truc jaune carré !! **Ça brûle !** Ça brûle ! **Aaarrrhhh !!**

– Patron ! Vous avez dit attaque du village super facile ! **Oscouuur !!**

– **Arggg !!** Les villageois jettent magie sur nous !

– Maîîître, moi pas pouvoir taper si moi **pas pouvoir voir** !!

Il y avait beaucoup de cris de ce genre.

Billy n'en **croyait pas ses yeux.**

Ça lui rappelait **ce souvenir effrayant**, la fois où il était allé jouer dans une grotte. Une énorme araignée s'y trouvait et l'avait **pourchassé** pendant un bon moment.

L'araignée courait **super** vite. Plus vite que lui. Si vite qu'elle l'avait rattrapé au moment où Billy avait enfin atteint la sortie de la grotte. À l'époque, Billy avait cru que c'était **la fin** pour lui. Il ne pouvait entendre que cet **horrible** couinement. Et puis il y avait aussi ces yeux rouges **étincelants**.

Pourtant, après que l'araignée avait fait **un pas au-dehors**, elle s'était **figée**.

Elle se tenait là, juste **en face** de Billy, les crocs et les yeux luisants. Elle ne pouvait **rien faire**, car elle ne voyait plus rien.

C'est ainsi que Billy avait appris que les araignées étaient **aveuglées** par la lumière du soleil. Les araignées vivaient dans des grottes. Leurs yeux étaient **accoutumés** à l'obscurité.

Billy comprenait maintenant pourquoi **l'armée du Nether** ne pouvait rien y voir. Ils partageaient **la même faiblesse**.

Le Nether était, sur **beaucoup d'aspects**, semblable à une grotte.

D'ailleurs, quand Billy s'y était retrouvé pour la première fois, il avait simplement supposé qu'il ne s'agissait que d'une caverne **gigantesque**.

Même si le Nether comprenait des coins **remplis de lave**, c'était quand même assez sombre la plupart du temps.

Donc, ces monstres avaient vécu toute leur vie dans des endroits **lugubres**. Leurs yeux étaient **habitués à l'obscurité**. Exactement comme des araignées.

Ouaouh, pensa-t-il. *J'aurais jamais compris tout ça si facilement avant. Je deviens plus malin, hein ? Peut-être que c'est l'un des trucs que le Nether m'a fait ? Il m'a fait plus intelligent.*

Dissimulé dans les hautes herbes, Billy continua **d'espionner**. Endernova semblait **de plus en plus en colère**.

L'enderman **a brandi son poing** en direction du ciel.

– J'arrive pas à y **croire** ! Tous mes projets... **ruinés** à cause de **ce soleil débile** !!

Un cochon-zombie **s'est avancé** en direction de l'enderman. Il portait **un objet doré** sur la tête.

– **Maître ?** Peut-être **on s'en va** maintenant... et on revient... quand plus de truc **jaune** carré ?

Endernova **a tapoté affectueusement** la tête du cochon-zombie.

– **T'es un malin.** C'est pour ça que je t'ai fait **capitaine.**

– **Alors...**

Le cochon-zombie a marqué une pause.

– On va **maintenant ?**

– Bien sûr.

La voix d'Endernova **crépitait** comme de la lave.

– **Rassemble les troupes.** Ramène-les. Ce ne devait être qu'un **entraînement** de toute façon. Je voulais que vous puissiez tous vous échauffer avant que... nous n'attaquions **le vrai village...**

Le cochon-zombie **acquiesça.**

– **Voui,** maître.

Billy **plissa les yeux** en fixant le cochon-zombie. Il était **différent** des autres. Pas **complètement** stupide, tout du moins.

Alors, ce cochon-zombie était **l'assistant** d'Endernova ?

Et puis... c'était quoi **ce truc sur sa tête ?** Billy continua d'observer les troupes depuis sa planque. Ses oreilles étaient pointées en direction de l'armée.

— **Bref,** aujourd'hui n'aura pas été **un fiasco** complet, dit Endernova. Nous aurons au moins appris **quelque chose d'utile.** La prochaine fois, nous viendrons **après le coucher** du soleil.

— Bien chûr, maître. Alors... **on va ?** J'emmène cochons et trucs de feu ? **On va maison ?**

— **Oui,** répondit Endernova. Retrouvons-nous à **la forteresse.** Et juste comme ça, **Endernova disparut.**

POUF !

Billy avait déjà vu des endermen. Il savait qu'ils possédaient **ce pouvoir,** alors il ne fut pas vraiment **surpris.**

Endernova avait aussi parlé d'une... **forteresse.**

Forteresse.

Clyde avait utilisé **ce mot** auparavant. Il avait pensé au début que Billy venait d'une **« forteresse du Nether ».** Donc, ça devait être la... maison de ces **monstres ?**

Billy songea qu'il ferait mieux d'en **discuter avec Clyde**. Après avoir parlé avec ses amis et sa famille, il faudrait qu'il **retourne** dans le Nether.

S'extirpant de ses pensées, Billy se concentra de nouveau sur l'armée.

Maintenant **en charge des troupes**, le cochon-zombie **intelligent** se tournait vers ses camarades.

– Hé !! Tous !! **La ferme !!** Arrêtez pleurer !! **Nous rentrer maison !!**

Des grognements bruyants se firent entendre.

– **Maison mieux** de toute façon, dit un wither squelette. **Moi pas aimer** ici.

– Bzzztrg... t-trop **f-froid** ici, crachota un blaze. M-maison ch-chaud. **Moi content !** Argg ! **Bzzzt !**

Un cube de magma **frissonna** et se mit à sautiller pour montrer **son accord.**

— Mais **nous pas voir**, intervint un wither squelette. Nous pas voir !! Alors... **comment** savoir aller où ?

— **Moi peux voir**, dit le cochon-zombie intelligent.

Il montra **l'objet doré** qu'il portait sur sa tête.

Billy avait déjà vu des humains porter pareilles choses pour **se protéger** lors de batailles. Cela permettait donc au capitaine **d'y voir en plein jour** ? Il était vraiment bien **plus malin** que ses congénères.

— **Suivre moi**, dit-il. Je ramène maison. **Tous.** Utilisez oreilles. **Moi chanter chanson. OK ?**

— Merci, **Rarg !** Moi trop froid !

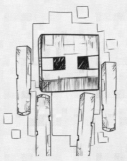

— OK ! **Nous te suivre**, Rarg !

— Oui ! Montre chemin !

Sortir moi d'ici !

Ainsi, le capitaine cochon (qui s'appelait donc **Rarg**) se mit à chanter.

— 99 villageois noobs ! **99 villageois noobs** ! **Écrase un** !
Dans **le purin** ! 98 villageois noobs ! 98 villageois noobs...
Tout en beuglant, le capitaine **se mit en marche** en direction du portail. Les autres monstres **suivirent**. Certains se mirent **à chanter en chœur** :

— 97 villageois noobs ! **97 villageois noobs** ! **Écrase un** ! Dans le...
Rarg **stoppa net** et se retourna.

— **La ferme** ! Seulement moi chante ! Si tous chantent, comment savoir **qui suivre ??**

— Rarg trop **intelligent** !

— OK, **nous taire** !

Rarg repartit en chantant. Billy les regarda s'éloigner.

Leur petite attaque a ***échoué****, pensait-il. Ils ont dû arriver très tôt ce matin, juste* ***avant l'aurore****. Puis le soleil* ***s'est levé*** *et les a tous aveuglés. Et ils étaient* ***coincés****. Rien à faire. Aucun moyen* ***d'échapper*** *à cette lumière* ***intense****.*

Ce qui veut dire... que **l'Overworld** a encore un peu de temps devant lui. Peut-être même **beaucoup de temps.**

Mais... quand ils reviendront, ils seront **davantage préparés.**

Peut-être auront-ils tous **ces choses dorées** sur la tête, comme Rarg.

Billy ne s'était pas rendu compte à quel point il était **bien caché.**

En fait, tandis qu'il se tenait **immobile** dans l'herbe, il était même devenu **quasiment invisible.** Sans perdre une seconde de plus, le chaton **dévala** la colline.

Après s'être mis en mouvement, il **redevint visible.**

CHAPITRE 9

Quinze minutes plus tard...

Billy se tenait en face du **bosquet**.

C'était là qu'habitaient **tous les chats**. Il pouvait entendre des **miaulements** enjoués au loin.

Est-ce que c'était... **Touffu ? Miaou ?** Il rampa dans les hautes herbes. Il n'arrivait pas à y croire. Il était vraiment à **la maison ?** Et... il pouvait maintenant **les apercevoir.**

Ses amis.

Ils étaient en train de jouer à une sorte de jeu.

— Hé, **pas juste !** feula Touffu en lançant un regard noir à Miaou. **Tu triches** tout le temps !

– J'ai pas triché, déclara-t-elle. Tu n'as jamais précisé qu'on n'avait pas le droit de jeter un œil.

– C'est toujours la même chose. « Tu n'as jamais dit *ceci*, tu n'as jamais dit *cela*. » Billy me manque. Au moins, lui ne trichait jamais...

Miaou baissa la tête, les yeux pleins de larmes.

– Moi aussi.

Billy se figea. Ils pensaient toujours à lui. Ils étaient inquiets pour lui. Mais que penseraient-ils s'ils le voyaient maintenant... ? Sa fourrure était bleue dorénavant...

Il s'avança malgré tout.

– Je me demande où il est, s'il est toujours vivant, disait Miaou.

– À mon avis, il est allé dans ce truc...

– Hmm. Repartons à sa recherche.

– D'ac. T'as une idée de ce que ce truc noir pourrait bien être ?

– Ça s'appelle un portail du Nether, intervint Billy.

Touffu et Miaou se tournèrent vers lui. L'expression de leurs visages était indescriptible.

Un son aigu s'échappa de Miaou. « Hiiiiii... ». Touffu recula.

– Qui... est...

Subitement, les deux amis parurent le reconnaître.

– Billy ?

Miaou s'approcha **prudemment** de lui.

– Est-ce que... c'est ***vraiment*** toi ?

Billy acquiesça.

– Qu'est-ce... qui **t'est arrivé ?**

– C'est moi qui devrais poser cette question, répondit Billy.

– Tu es allé à **l'intérieur**, dit Touffu. **Pas vrai ?** T'es vraiment...

allé **dans** cet endroit ?

Les chatons connaissaient **les légendes** sur le Nether, bien qu'ils ne

l'appellaient pas par ce nom-là. Des légendes sur **la porte noire**. Sur la

lueur violette. De vieilles légendes. Qui racontaient comment les chats

les plus courageux et **les plus forts** s'étaient aventurés dans le

monde de l'autre côté de la porte. Et n'en étaient **jamais** revenus.

Pourtant, Billy, **lui**, était de retour.

Peut-être avait-il été **chanceux** de rencontrer Clyde. Il lui avait

enseigné **les bases** de ce monde. Ou peut-être n'était-ce pas de la

chance. Billy n'avait rien vu de particulier dans le fait d'adresser la parole

à Clyde. Mais un chat plus âgé et plus sage n'aurait probablement

même pas **essayé de parler** au ghast. Un chat plus âgé et plus sage

aurait pris **ses pattes à son cou**, tout simplement.

De la même façon qu'il avait **ignoré** les légendes et les avertissements de sa mère, Billy n'avait pas écouté non plus **son bon sens.** Un bon sens qui conseillait généralement de **s'enfuir** quand on se retrouve nez à nez avec un énorme truc blanc et flottant qui **pleure** et **crache des boules de feu.**

Qui aurait pu croire qu'un ghast pouvait être **sympa ?** C'est grâce à cela que Billy était toujours en vie.

Tandis que Touffu et Miaou se tenaient devant lui, **médusés**, Billy leur raconta toutes ses aventures. Ce qui lui était arrivé. Comment il avait **changé.** Comment le Nether l'avait **choisi.**

— **Choisi pour quoi ?** questionna Touffu.

— Pour aider à **combattre** cette armée, répondit Billy. J'imagine.

Billy leur expliqua alors qu'un enderman avait **l'intention d'envahir leur monde.**

— Bon, laisse-moi résumer, intervint Miaou. Cet endroit, le Nether, t'a élu ? Pour être une sorte de **super-guerrier ?** Et tu as genre... des **super-pouvoirs** et tout ça ?

Billy acquiesça de nouveau.

— En gros, **ouais.**

— **Ouaouh !** s'exclama Touffu. C'est **trop** la classe, hein ?

Des **super-pouvoirs** ? Combattre des **méchants** ? Et puis sérieusement, Billy, t'as pas l'air si **flippant** que ça ! Où est-ce que je signe ? **Je veux t'aider** !

— Au fait, c'est quoi au juste tes super-pouvoirs ? demanda Miaou.

— À vrai dire, **je n'en sais rien.** Clyde et son amie étaient sur le point de m'en dire plus sur ma **transformation**, mais... je suis parti avant qu'ils ne terminent. Je voulais juste venir **vous retrouver**, les gars.

— Ooooh.

Les yeux de Miaou se remplirent de larmes encore une fois.

— **Merci.**

— Un vrai **pote**, dit Touffu. Mais nous aussi ! On t'a cherché partout, tu sais. On n'a presque pas dormi depuis que tu as disparu. Bref... je suis **super** content que tu sois de retour.

Billy poussa un soupir.

— Moi aussi, mais... il faudra que je retourne... là-bas, à un moment.

Tous trois baissèrent la tête. Soudain, **un cri brisa** le silence.

— Billy ??

C'était sa mère.

CHAPITRE 10

Elle s'approcha **prudemment** du trio. Elle ressemblait à Billy *(l'ancien Billy en tout cas)*, en plus grand.

Celui-ci ne put que **déglutir**, les yeux **écarquillés**.

— **Oups**, chuchota Touffu. Tout ça est sur le point de devenir **très gênant**...

Miaou se recroquevilla elle aussi.

— Ça va pas être joli, murmura-t-elle en retour. La dernière fois, elle avait **grondé** Billy pendant des jours, juste parce qu'il s'était approché trop près du **lac de feu**, dans les plaines. Comment tu crois qu'elle va réagir à ça ?

Sa mère était maintenant assez près pour observer son fils et elle ne put dissimuler sa **stupéfaction**.

— **Billy Pattedevelours Moustachecactus**, peut-on savoir ce qui t'est arrivé ?!

— Je peux **tout expliquer**, m'man.

Billy avait les oreilles **rabaissées** et la queue **entre les jambes**.

— En fait, **il y a ce**...

— **Ça suffit !** siffla-t-elle. Tu expliqueras ça **à ton père**.

Elle le prit par **la peau du cou** et le transporta jusqu'à **leur terrier**
de chat.

Touffu et Miaou échangèrent
<u>un regard inquiet.</u>

CHAPITRE 11

Pendant une demi-heure, Billy ne put que **fixer le sol** pendant que sa mère le **grondait**. Évidemment, il avait essayé de lui raconter ce qui s'était passé. Mais elle n'avait **rien voulu** entendre.

— Je t'avais dit de ne pas t'approcher de **cette porte !** Les chats n'ont rien à faire dans cet endroit !

— **Je vais bien**, maman. **Pour de vrai.** Peut-être que ce qui s'est passé était **une bonne** chose au final.

— **Une bonne** chose ? répéta-t-elle en se détournant. Comment cela pourrait-il être une bonne chose ? Tu as l'air si **différent** maintenant. Ta fourrure est... **Elle est bleue !**

Billy se frotta contre sa mère.

— **Écoute.** Je suis désolé d'être allé là-dedans, mais... des monstres vont vraiment **attaquer** notre monde.

— Et alors, qu'est-ce qu'on y peut ? Laisse les humains s'en occuper.

— Je ne pense pas que ce soit si simple. Leur armée est vraiment **gigantesque**. Je l'ai vue de **mes propres yeux**.

Cela ne fit que rendre sa mère encore **plus inquiète**.

— Et qu'est-ce que tu as à voir avec ça exactement ?

Billy soupira.

– J'en sais trop rien, maman. Mais il doit y avoir une raison.
C'est ce qu'a dit Clyde. C'est un ghast. Oh, et son amie aussi, Eldra.
C'est une sorcière. Elle a dit...

Sa mère poussa un cri perçant.

– Un ghast ?! Une sorcière ?! Billy, tu ne t'approcheras plus
jamais de ces choses, c'est bien compris ?

– Mais ce sont mes amis.

– Tes amis ?! Non, tu ne seras pas ami avec ces monstres.

– Tous les monstres ne sont pas méchants, maman... Clyde est
vraiment super sympa.

Sa mère était en colère pour de bon à présent.

– Tu vas voir quand ton père aura entendu ça ! Tu as de la chance
qu'il soit dehors en train de chasser là maintenant !

– Maman s'il te plaît, calme-toi...

Ça a continué ainsi pendant un bon moment. Comme la plupart des
mères, celle de Billy était une mère poule.

Enfin, son père finit par rentrer.

En tant que bon chasseur, il avait ramené un saumon.

Quand il aperçut son fils, il laissa tomber le saumon sur le sol
herbeux de leur maison.

– **Fiston ?** Mais... qu'est-ce qui t'est **arrivé ?**

Ainsi, Billy dut tout expliquer **une nouvelle fois.** Heureusement, son père n'était **pas trop fâché.** Il avait même l'air presque **fier** de lui.

– Le Nether t'a **choisi ?** Je n'aime pas trop ça, mais... ça doit être **important.**

– **Qu'es-tu en train de dire ?** lui demanda la mère de Billy.

Son père agita sa queue **pensivement.**

– Je pense juste que nous devrions **essayer** d'en savoir un peu plus.

– Je n'arrive pas à croire que tu dises **une chose pareille !** s'est écriée sa mère en faisant les quatre cents pas.

– **Chérie,** nous n'y pouvons rien. Ce qui est arrivé... **est arrivé.**

La mère de Billy soupira. Soudain, on entendit **des cris** au-dehors.

– Des monstres !! **Fuyez !!**

Billy jeta un regard à ses parents,
puis s'**élança** dehors.

CHAPITRE 12

Une foule de chats et chatons était en train de **s'éparpiller** sous le coup de **la terreur**.

Une sorcière, dissimulée derrière un énorme chêne, **surgit.**

— **Billy !** criait-elle. Billy, **es-tu là ?** Oh, il y a tellement de chatons ici, mais aucun n'est celui que je cherche ! Du moins, je ne pense pas qu'aucun de vous soit Billy... **Fourrure bleue ? Yeux violets ?** Non, non et **non !** Mais où est-il ?!

Les quelques chatons qui restaient encore poussèrent des **miaulements** perçants et s'enfuirent retrouver leurs parents. Il ne resta bientôt plus qu'un seul chaton.

Billy s'avança **lentement** vers la sorcière.

Les autres félins **se tapirent** dans leurs cachettes, tout en le regardant se rapprocher de ce qui leur semblait être **un hideux monstre.**

(En fait, pour eux, Billy avait aussi l'air d'un monstre.)

— **Eldra !** dit Billy. Comment es-tu arrivée ici ?

— Comme toi. J'ai simplement **traversé le portail.** Je suis aussi originaire de **l'Overworld,** tu sais !

En un instant, Billy fut rejoint par sa mère et son père.

— **Éloigne-toi** de cette créature, fiston ! **Elle est dangereuse !**

— **Dangereuse ?** gloussa la sorcière. Oui, on peut dire que je suis

dangereuse ! Mais seulement quand j'ai **des potions empoisonnées,**

et je suis à court.

— **Ça suffit !** lui intima le père de Billy. Laisse notre fils **tranquille !**

Il ne s'acoquinera pas avec **des choses** dans ton genre !

La sorcière **ricana.** Un son étrange, haut perché. Ce ricanement **terrifia**

plusieurs chatons qui se mirent **à pleurer.** Après qu'elle eut cessé de

rire, Billy **soupira.**

— Maman, papa, **je vous présente Eldra.** C'est une sorcière. Mais

elle est vraiment **très, très** sympa. Elle m'a soigné quand je suis

tombé malade. Je ne serais pas **en vie** sans elle. Alors, vous feriez

mieux de **la remercier.**

Ses parents dévisagèrent Eldra.

— Pas la peine de me jeter des fleurs, dit-elle.

Une chauve-souris passa devant elle. Elle **l'attrapa** au vol.

— **Ooooh, quelle chance !** J'ai besoin d'ailes de chauve-souris !

La sorcière fourra la chauve-souris **couinante** dans la sacoche pendue

à sa ceinture.

Les parents de Billy reculèrent **en montrant les crocs,** entraînant

Billy avec eux.

La sorcière continua.

— Pour tout vous dire, votre fils est **spécial**. Je suis sûre qu'il s'en serait tiré même **sans mon aide !**

— **Impossible**, dit Billy. J'étais tellement malade. J'avais comme un tourbillon dans l'estomac, puis je suis tombé dans les pommes, et...

— **Arrête, Billy !** N'en dis pas plus !

Sa mère s'était remise à pleurer. Elle a essuyé son visage et s'est tournée vers Eldra.

— Est-ce que c'est vrai ? Vous... avez **sauvé** notre fils ?

Eldra a hoché la tête.

— Qui n'aiderait pas un chaton perdu ? De plus, il a **la marque !**

— **La marque ?** De quoi parlez-vous ?

— Je vous dirai tout ce que je sais, dit Eldra. Mais tout d'abord... s'il vous plaît, faites savoir à votre peuple que je ne vous veux aucun mal. En fait, si vous voulez **survivre...** vous feriez mieux d'écouter ce que j'ai à vous dire.

C'est ainsi que les parents de Billy se **calmèrent** enfin.

Le reste des félins finit par revenir, mais **prudemment**, et **lentement, très** lentement.

Eldra put enfin raconter l'histoire de **Minecraftia...** comment un chaton **innocent** en était arrivé à devenir ami avec un ghast nommé Clyde... et comment un enderman **maléfique**, exilé de l'Ender, était parvenu à prendre **le pouvoir** dans le Nether...

CHAPITRE 13

Après avoir débattu pendant une bonne heure, Billy fit ses adieux à tous ceux qu'il connaissait. Sa mère et son père étaient en larmes.

— Au cas où nous serions attaqués, lui dit son père, nous allons creuser **un petit repaire** pas loin. Ainsi, nous aurons un endroit où nous cacher, si besoin.

Billy approuva.

— **Bonne idée.** Et ne pleurez pas, d'accord ? Je reviendrai bientôt ! **Promis !**

Billy se tourna ensuite vers ses **deux meilleurs amis**. Étrangement, Touffu et Miaou n'avaient pas l'air tristes. Au contraire, leur expression était presque **gaie**.

Est-ce que je me fais des idées ? se demanda Billy. *Comment peuvent-ils ne pas être tristes ? Même moi, j'ai envie de pleurer !*

— J'aimerais tellement que tu n'aies pas besoin d'y aller, Billy, dit Miaou. **Tu vas me manquer.**

— **Pareil**, enchaîna Touffu. Je suis trop triste. **Trop, trop** triste. Mais bon, quand faut y aller, faut y aller, hein ?

Eldra la sorcière sourit à la mère de Billy et lui **tapota** la tête.

— Ne vous inquiétez pas. Votre fils a simplement besoin d'un petit peu **d'entraînement**. Je ferai de mon mieux. Il sera de retour très vite, je vous le **promets**.

Et sur ces dernières paroles, Eldra et Billy se mirent en route, en direction du **portail**.

CHAPITRE 14

Cinq minutes plus tard, ses parents manquaient déjà à Billy.

Comme ses amis. Il n'était même pas resté plus de deux heures à la maison.

Mais tout de même, son cœur était **en joie** à l'idée de revoir Clyde.

Après être retournés dans le Nether, Eldra mena Billy jusqu'à sa **hutte de pierre**.

— Je me demandais, dit Billy. Tu as dit plus tôt que tu étais **originaire** de l'Overworld. Alors, comment ça se fait que tu aies une maison dans le Nether ?

La sorcière **soupira**.

— Pour commencer, ça s'appelle **une hutte**.

Le chaton leva les yeux vers elle, attendant sa réponse. La sorcière continua.

— Je fais des potions. **Verrue du Nether. Poudre de blaze.** Le Nether est rempli de trucs dont j'ai besoin. Alors, j'ai décidé de construire **une deuxième hutte** ici.

Elle ouvrit la porte.

— Allez, **commençons**.

Billy la suivit à l'intérieur.

Elle s'avança jusqu'au chaudron. **Le liquide violet** qui y bouillonnait avait une odeur **étrange** et **délicieuse** à la fois.

— **Ragoût de chauve-souris aux champignons**, dit-elle. Tu en veux ?

L'estomac de Billy se mit à **gargouiller** bruyamment à ces mots.

*C'est **triste**, pensa-t-il. Je n'ai même pas mangé quoi que ce soit quand j'étais à la maison. J'aurais pu grignoter un peu de **saumon**... ou même un **poisson-lune**, je suis pas difficile !*

– **Carrément** ! finit-il par répondre.

La sorcière posa un bol de ragoût fumant sur le sol. Le chaton en **lapa** le contenu à grands bruits. Après tout, c'était **pas si mauvais**.

– Maintenant, dit Eldra, avant de commencer, il faut que tu saches que tu n'es pas la seule **créature étrange** à te balader dans Minecraftia.

Les oreilles du chaton se **dressèrent**.

– Tu veux dire qu'il y en a **d'autres** comme moi ?

Eldra haussa les épaules.

– En quelque sorte.

– Quoi alors ?

– Eh bien, durant **la pleine lune**, une araignée sur cent qui éclôt naît avec des pouvoirs **similaires** aux tiens. Ça s'appelle **le Don Ténébreux**. Certaines peuvent **guérir** leurs blessures **ultra-rapidement**; d'autres peuvent devenir **invisibles** ou possèdent **une force incroyable**. Il y a aussi les creepers, qui deviennent bien **plus forts** quand ils sont frappés par **la foudre**. Les cochons frappés par la foudre, quant à eux, se transforment en **cochons-zombies**. Et puis moi, d'où penses-tu que je viens ? J'étais **une simple villageoise** autrefois, tu sais... Jusqu'à ce que je m'aventure dehors **un soir d'orage...**

Billy se **gratta** le menton.

— Est-ce que tout cela est lié au **Nether,** comme moi ?

— Pas exactement. Mais quand même, il y a plein de créatures bizarres dans le coin. Alors, **te sens pas seul.**

— Merci.

Eldra sourit.

— Quant à **tes pouvoirs...**

— Oui. Tu en as parlé avant. Que sont-ils ?

— Pour commencer, tu as dû t'apercevoir que tu pouvais **réfléchir** mieux qu'avant.

Billy a acquiescé.

— Je suis capable de **comprendre des trucs** par moi-même, bien plus facilement qu'autrefois.

— Et tes sens sont **plus aigus**, pas vrai ?

Le chaton hocha de nouveau la tête.

— Je peux sentir **la présence du portail**, et puis je vois dans le noir encore mieux qu'avant.

La sorcière fixa ses **yeux violets**.

— Bien sûr. D'après ce que j'ai lu, **le Don Ténébreux** des araignées t'affecte aussi, dans une certaine limite. Si tu te tiens **immobile**, tu seras quasiment **invisible**. Je ne sais pas ce qu'il en est pour le pouvoir **d'auto-guérison**, par contre. Au-delà de tout ça, continua-t-elle, tu t'apercevras que tu possèdes les **compétences** de n'importe quel habitant originaire du Nether.

— Qu'est-ce que cela signifie au juste ?

— Eh bien, pour commencer, vous êtes tous **immunisés** contre **le feu**. Lave comprise.

La lave, pensa Billy. *C'est ce truc orange qui* **brûle** *!*

— Tu veux dire que je n'ai pas à **la craindre ?!**

— Pas du tout. Tu peux y **nager** toute la journée si ça te fait plaisir, ça va même pas friser tes moustaches.

À ce niveau-là, la **curiosité** du chaton était en train de bouillonner. Il n'avait plus à craindre le Nether ! Il pouvait l'**explorer** autant qu'il le souhaitait !

Attends une seconde, pensa-t-il. *Comment peux-tu* **songer** *à te balader à un moment pareil ?*

— Quoi d'autre ?

— Hmm. Tu peux **cracher des boules de feu** façon ghast et je suppose que tu as un effet **« poison »**, tout comme les wither squelettes, ainsi que **la force** d'un cochon-zombie. Peut-être même que tu peux

voler comme un blaze ? Mais il faudra que tu apprennes tout ça **des natifs**-mêmes. Bien entendu, je pense que tu as encore plus de compétences, mais il faut que **j'enquête** davantage. Je n'ai pas eu beaucoup de temps, puisqu'il a fallu que je parte à ta recherche.

– C'est **trop** génial ! s'exclama Billy.

– En effet. Quand tu en arriveras à connaître ta force, tu seras, en gros, **un boss**, comme **le dragon de l'Ender** ou **le wither**. Plutôt cool, **hein ?**

– C'est quoi ces trucs ? demanda Billy.

– Bah, **laisse tomber.**

Le chaton poussa un soupir.

– Ça peut attendre. Je suis trop **impatient** que Clyde m'apprenne à cracher des boules de feu. Il est où au fait ?

La sorcière baissa la tête.

– **Euh...**

– Quoi ? Qu'est-ce qu'il y a ? **Où est-il ?**

– Eh bien, c'est pas agréable à dire, **mais...**

La sorcière lui tourna le dos.

– Juste après ton départ, Clyde... a rejoint **l'armée d'Endernova.**

Billy fit un pas en arrière. Les mots résonnaient dans sa tête, **encore et encore.**

Clyde. *Avait rejoint l'armée d'Endernova.*

Clyde.

Un ghast heureux.

Un type **sympa**. **Serviable**. Qui pleure pour la moindre raison.

Et il a rejoint... **ces monstres ?!**

– Que... Je ne comprends pas... **Pourquoi ?**

– Je n'en sais rien. Il a essayé de **te suivre**, mais les ghasts ne volent pas très vite, tu sais. Il n'a même pas pu trouver le portail. Je n'avais jamais vu de ghast **pleurer autant**. Il n'arrêtait pas de me demander où était le portail, comment te retrouver. Je ne suis pas un guide touristique ! Alors, **il est juste parti...**

Une larme roula sur la joue du chaton.

– Je... **n'arrive pas...** à y croire.

– **Sois fort**, dit Eldra. Il doit avoir une bonne raison d'avoir fait une chose pareille. **Aie confiance** en ton ami.

Billy leva les yeux vers Eldra.

– Il faut que je parte à **sa recherche !**

– **Évidemment.** Seulement, avant toute chose, tu devrais d'abord rester avec moi et **t'entraîner...** Mais tu n'en as pas l'intention, pas vrai ?

— **Aucune** chance, répondit Billy en secouant la tête. Je lui suis redevable.

— Dans ce cas, c'est vers **la forteresse du Nether** que tu dois te diriger. **C'est par là.**

Elle pointa le doigt dans une direction.

— Tu peux pas la manquer.

Billy jeta un coup d'œil par la fenêtre, puis se tourna de nouveau vers Eldra. La sorcière lui rendit un regard **inexpressif.**

— **Quoi ?** Tu t'attendais à ce que je te demande de rester ici ? Je te connais bien maintenant, Billy. Tu partiras de toute façon. Tu feras tout ce que tu peux pour sauver ton ami. Il n'y a rien que je puisse faire.

— Tu as raison. C'est juste que...

— Quoi ?

— T'as **des conseils** à me donner ? Je suis jamais allé dans une forteresse du Nether, moi.

Eldra extirpa **un livre** de son coffre.

— Le meilleur conseil que je puisse te donner est **d'écrire** là-dedans tous les jours. Ça s'appelle **un journal.** Notes-y la moindre de tes expériences et les informations importantes.

— Mais je ne sais pas écrire, ou lire ! **Je suis un chaton.**

— **Faux.** C'est une autre de tes compétences. J'avais oublié de t'en parler.

– Mais même si je sais écrire, je ne peux pas **tenir une plume** !

Eldra lui en tendit une.

– Tu n'as pas remarqué que tes pattes sont **différentes** ?

Billy baissa les yeux vers ses pattes, les examina une à une, puis saisit la plume.

– **Incroyable.**

– Qu'y a-t-il de si incroyable à ça ? rétorqua Eldra. Nous sommes à **Minecraftia.**

– **Pas faux.** Bon... journal, plume, quoi d'autre ?

– Tu es **intelligent**, tu te débrouilleras pour le reste. Maintenant, ramène-nous Clyde. Il me doit encore des larmes.

– **Compte** sur moi.

Une fois encore, Billy se mit en route **sans hésiter**. Il avait dans son inventaire un journal, une plume et **beaucoup** de courage.

Mais comment je vais faire pour me glisser dans une forteresse du Nether ? se mit-il à penser. *Et que fabrique Clyde ?*

*Pourquoi a-t-il intégré cette **armée débile** ? Est-ce qu'il était en* **colère** *parce que je suis parti ?* ***Que s'est-il passé ?***

CHAPITRE 15

Eldra regarda le chaton s'éloigner dans le Nether.

— Il a du **courage,** dit-elle à voix haute. Je suis sûre qu'il s'en sortira très bien.

Elle rentra dans sa hutte, jeta un coup d'œil au chaudron bouillonnant, à ses fioles de potion, puis... à sa paillasse au sol. C'était juste **un tapis**, mais elle ne pouvait guère faire mieux. Pour une raison inconnue, **les lits explosaient** dans le Nether.

Elle se sentit **soudainement** complètement **épuisée**. Elle bâilla, se dirigea vers sa paillasse et... entendit **un miaulement** venir du dehors.

Qu'est-ce que c'est que ce bruit ? pensa-t-elle. On dirait presque **un chaton**, mais... que fait Billy de retour si tôt ?

La sorcière, **interloquée**, sortit de sa hutte et se mit à **explorer** les environs.

Tout près, étendus sur le sol rougeâtre, se trouvaient **non pas un**, mais **deux** chatons.

Ils avaient l'air **malades**, tout juste conscients, comme Billy quand il était entré pour **la première fois** dans le Nether.

Pourtant, ils ne ressemblaient pas du tout à Billy. L'un avait **une fourrure jaune** avec des **taches brunes**, l'autre était **gris clair** et **noir** avec des **yeux bleus éclatants**.

Les deux chatons perdirent rapidement connaissance.

Eldra s'approcha **prudemment** d'eux. Elle comprit qu'elle ne dormirait pas de sitôt. Elle allait avoir besoin de **deux pots de lait** pour soigner ces chatons, et **elle était à court.**

Je me demande si je pourrais ramener une vache dans le Nether pensa-t-elle.

Elle se baissa pour ramasser les deux chatons et les emmena dans sa hutte, un dans chaque bras, puis les déposa sur sa paillasse.

Bien entendu, elle ne fut pas **surprise** en les examinant.

Comme Billy, tous deux possédaient la marque.

Miaou ?

OK, on peut y aller. J'ai enfin **compris le truc.**
Apparemment, il fallait que j'utilise
une plume de poulet, pas mes pattes.

Bon, par où je commence ? **Je m'appelle Billy.** Je suis un chaton.
Enfin, en quelque sorte. J'ai un peu **changé** dernièrement.
Qu'est-ce qui s'est passé ? Je ne sais pas trop encore. J'essayais juste
d'échapper à ces **loups**. Puis j'ai trouvé ce **portail du Nether...**
Après être passé à travers, **j'ai commencé à changer.** Je me suis
rendu compte que je pouvais courir **plus vite**, sauter **plus haut.**
Et même devenir **quasi invisible.** Cette sorcière que j'ai rencontrée
m'a dit que je pouvais obtenir **les mêmes compétences** que les
monstres.
Et puis je suis carrément **plus malin** qu'avant. Après tout, les
chatons ne tiennent pas de journal, d'habitude.
La sorcière m'a expliqué qu'il y avait une raison à tous ces événements.

Que j'avais été **« choisi »** pour aider à sauver le monde.

Parce qu'il y avait cette **énorme armée** de monstres qui voulait envahir **les trois** dimensions.

Bien entendu, je suis censé **aider** à les en empêcher. Moi. **Un chaton.** Je trouve ça **difficile** à croire.

Le seul truc pour lequel j'ai jamais été bon, c'est **pourchasser** les chauves-souris. Je suis à peu près sûr que sauver le monde exige un petit peu **plus de capacités** que ça.

De toute façon, pour le moment, je préfère mettre tout ça de côté.

En fait, pendant mon séjour dans le Nether, je me suis aussi fait **un copain : Clyde.**

C'est un ghast. Il m'a appris un tas de choses sur ce monde.

Mais après, la sorcière m'a dit qu'il était parti **intégrer l'armée des monstres.**

Mon meilleur pote, aller du côté de **l'ennemi ?** Clyde ne ferait jamais ça ! Et si c'est quand même le cas, ça doit être pour une bonne raison. Peut-être qu'il les **espionne.** Ou peut-être qu'ils **l'ont forcé.**

Au final, on s'en fiche de savoir pourquoi il est parti. L'important, c'est que je le **retrouve.**

La sorcière m'a dit que Clyde se trouvait dans cet endroit qu'on appelle
la **forêt** du Nether.

Est-ce qu'elle se **moquait** de moi ? Je ne crois pas qu'il y ait une
forêt dans le Nether.

Ça fait **des heures** que je cherche
et je n'ai même pas vu **un seul arbre**.

J'ai **fouillé** le **Nether** encore un peu.

Au début, tout ce que je trouvais, c'était **des champignons**, des minéraux **phosphorescents** et un paquet de cochons-zombies.

Puis je vis **une créature étrange**. Elle se tenait au milieu d'un lac de lave, **en équilibre** sur un bloc de roche du Nether.

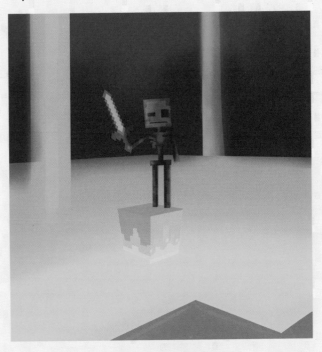

Le Nether est rempli de **trucs bizarres**, mais je n'avais encore jamais rien vu de pareil. Il fallait que j'aille voir ce qu'elle faisait là.

Mais alors que je me rapprochais, je me suis aperçu que cette créature n'avait **pas l'air tellement sympa**. Elle avait l'air **dangereuse**, même. Elle était faite d'os et tenait **l'une de ces choses pointues** que les cochons-zombies ont toujours sur eux.

Au moment même où j'allais m'éloigner, elle a crié :

— **Hé !** Tu ne pars pas, **hein ?** J'aurais vraiment besoin d'un **coup de main !**

Ma **curiosité** l'emporta. Je me tournai pour lui faire face de nouveau et m'approchai de la lave.

— Qu'est-ce que je peux faire **pour aider ?** j'ai répondu en atteignant le bord du lac. Je ne peux pas **nager dans la lave.**

— Mais si, **tu peux.** Tu ne vas **pas brûler !** Saute simplement dans la lave, flotte jusqu'ici et porte-moi **vers la rive !** Une seconde... Tu es bien **un cube de magma**, n'est-ce pas ?

— À vrai dire, **non, je n'en suis pas un.**

La créature se pencha légèrement en avant, comme pour mieux m'observer.

— **Oh, désolé !** Ma vue n'est pas au top ces derniers temps. Bon, si tu n'es pas un cube de magma, **t'es quoi alors ?**

Sa question me **déstabilisa** complètement.

Comment quelqu'un pouvait-il ne pas reconnaître **un chaton** quand il en voyait un ? Même un comme moi...

— **Ce que je suis ?** Qu'est-ce que tu veux dire par là ? sifflai-je.
Et toi, **qu'est-ce que tu es ?**

La créature osseuse eut l'air tout aussi **choquée** que moi.

— **Quoi ?** Tu n'as jamais vu de **wither squelette** peut-être ?

— J'en ai déjà vu, répondis-je. Mais seulement quelques-uns, et je
n'ai jamais su comment vous vous appeliez. Je viens de **l'Overworld**.
C'est une **longue** histoire.

— Je vois. Tu me raconteras ça une autre fois.

Le squelette **autoproclamé** a marqué une pause.

— C'est quoi **ton nom ?**

— **Billy.** Et toi ?

— **Tadoss**, lança-t-il avant de regarder autour de lui. Eh bien, Billy
de l'Overworld, et si on **s'entraidait** un petit peu ?

— Imaginons que j'arrive à **te sortir** de là, qu'est-ce que tu ferais
pour moi ?

Le squelette se mit à **rire**.

— **Facile.** Tu as besoin **d'un guide.** Tu es **clairement** perdu.
Si tu savais quoi que ce soit sur cet endroit, tu n'irais pas dans cette
direction. **Oh non**, n'importe où **sauf** cette direction.

J'ai jeté un coup d'œil dans la direction que j'avais empruntée un peu
plus tôt.

Tout ce que je pouvais voir d'ici, c'était des collines de roche du Nether et des chutes de lave.

— Ça n'a **pas l'air si terrible**, fis-je d'un **faux air** détaché.

Mais, une fois encore, ma curiosité eut vite le dessus.

— Qu'est-ce qu'il y a **là-bas**, de toute façon ?

— **D'autres comme** moi, répondit Tadoss. Plus tout un tas de **blazes**. Et ils ne sont pas tous aussi **sympas** que moi. Fais-moi confiance, **bloc de poils**, une forteresse du Nether est le dernier endroit où t'as **envie d'aller**.

Mes oreilles se dressèrent. **Une forteresse** du Nether... ?

Ça expliquait pourquoi je n'avais pas réussi à trouver le moindre arbre. Je croyais que la sorcière avait dit **« forêt du Nether »**, mais j'avais dû **mal** entendre. Ce truc de langage est tout nouveau pour moi. Je pouvais parler avec **d'autres chats** avant, bien sûr, mais mes conversations avec d'autres créatures... étaient **très limitées**. Le seul mot en non-chat que je connaissais avant tout ceci, c'était **« grr »**, ce qui en loup veut dire : **« Maintenant, je vais te manger. »**

Après avoir réalisé ce que le squelette venait de dire, j'étais tellement **excité** que je me suis avancé tout au bord du lac et que j'ai **failli** y **glisser**.

– Une **forteresse** du Nether ?! C'est exactement ce que je cherche ! **Mon ami est là-bas !** Il faut que j'aille **le sauver !**

– Tu rigoles...

Le wither squelette baissa la tête.

– Et moi qui pensais que c'était **mon jour de chance...**

– Notre marché tient toujours, hein ?

Le squelette secoua la tête.

– **Oh non !** Y a plus de marché. **Pas question** que j'aille là-bas.

– Tant pis, dis-je en lui tournant le dos. Je suppose que je vais devoir y aller seul alors. **À la prochaine.**

– **N-non, a-attends !** s'écria le squelette. C'est bon, **t'as gagné !** Tire-moi juste de ce rocher, et je t'emmènerai **où tu voudras !**

J'ai hoché la tête.

– Qu'est-ce que je fais ?

– **Facile.** Puisque tu ne peux pas nager, tu vas devoir **construire** un pont.

Un pont ? Encore un mot que je ne connaissais pas. Clyde m'avait appris beaucoup de mots, mais il n'avait **jamais mentionné** de pont.

– Un quoi ?

– **Sérieusement ?** Ils ont pas de ponts dans l'Overworld ?

— Peut-être que si, mais je n'en ai jamais entendu parler. Et puis c'est quoi **« construire »** ?

Tadoss se mit à **marmonner** dans sa barbe.

— **Laisse tomber.** Je te dirai quoi faire. Tu n'aurais pas des outils par hasard ?

Cela ne fit qu'augmenter ma confusion.

— Des **outils** ?

Mon **nouvel ami** cessa de grommeler. Il me regarda de haut en bas, et particulièrement mes pattes. Il se mit alors **à ricaner**.

— Tu sais, je pense que finalement **on peut trouver une solution.**

— Allez ! **Frappe !**

Le squelette du nom de **Tadoss**, encerclé par la lave, me criait ces mots.

Toujours près du bord, je regardais **la pierre rougeâtre** du Nether

entre mes pattes.

— Alors, je frappe, **c'est tout ?** Juste comme ça ?

— **Exactement ! Mais plus** fort !

Je frappai pour de vrai cette fois.

Des fissures se formèrent à l'endroit où mes pattes avaient heurté le

sol. Seulement, elles disparurent aussi vite qu'elles étaient apparues.

— **Ne t'arrête pas !** m'encourageait Tadoss. **Continue** de taper !

— C'est un peu **bizarre.**

— **Mais non !** C'est ce qu'on fait quand on n'a pas d'outils !

— D'accord.

Encore plus de coups.

Mes pattes s'abattirent contre un bloc de roche du Nether.

Je ne lui laissai pas le temps de se reformer cette fois et frappai **sans**

m'arrêter. Les fissures devinrent **de plus en plus** grandes jusqu'à

ce qu'enfin le bloc **se détache.** Je le retirai sans trop d'effort.

Ce n'était **pas aussi lourd** que ce à quoi je m'attendais.

Tadoss avait **l'air content.**

— **C'est ça !** Maintenant, pose-le par-dessus le rebord.

J'obéis. Comme je tenais le bloc avec mes pattes avant, j'ai dû me tenir debout sur mes pattes arrière.

Je marchais. Exactement comme un cochon-zombie. En moins rapide par contre. D'un pas **mal assuré,** j'allai déposer le bloc contre le rebord de la rive. **Comme par magie,** le bloc se fixa de lui-même.

Je n'aurais **jamais cru** qu'on pouvait changer son environnement ainsi. Décidément, je ne connaissais rien **aux règles de ce monde.**

(Même si je suis plus malin qu'un chaton normal, j'ai encore beaucoup de choses à apprendre.)

– **Beau boulot** jusque-là ! m'a encouragé Tadoss. Maintenant, recommence **encore cinq fois !**

J'observais la lave entre nous deux. Soudain, **tout fit sens.**

En plaçant assez de blocs, une rangée de roches du Nether se formerait au-dessus de la lave. Ce qu'ils appelaient **« pont »**, j'imagine.

(Ah, ces monstres et leurs mots compliqués !)

Punch, **punch.**

Je bougeai ensuite un **deuxième** bloc. Puis un **troisième.**

Finalement, après avoir posé **le sixième bloc**, Tadoss sauta **d'excitation**, si haut que c'était à se demander s'il n'aurait pas pu traverser ainsi sans pont.

Puis il **se précipita** sur la rive, s'arrêta, se tourna vers moi et fit un nouveau **bond de joie**.

– **J'arrive pas à y croire** ! Tu ne sais pas à quel point je suis **reconnaissant**, chaton ! Ça faisait des semaines que j'étais **coincé** là !

– D'ailleurs, tant qu'on en parle, **comment** tu t'es retrouvé dans cette situation exactement ?

Tadoss a détourné les yeux.

– Ces **animaux** ! C'est **eux** qui m'ont mis là ! Après leur avoir dit que nous ne devrions pas attaquer l'Overworld !

– Qui « **eux** » ?

J'ai compris avant qu'il ne réponde.

– Tu veux dire que tu faisais partie de **leur armée** ?

– **Oui.** J'en faisais partie. Je n'avais **pas envie** de les suivre.

Cet enderman est **taré**.

Je savais qu'il parlait d'Endernova. Un enderman si **mauvais** que même les autres de son espèce l'avaient **chassé de l'Ender**.

– **Au fait**, continua Tadoss, j'aimerais que tu saches que tout le monde n'est **pas méchant** dans le Nether. Mes amis, par exemple.

J'aimerais bien te **les présenter.**

— **D'accoOOrd**, répondis-je. Mais d'abord...

— Oui, **oui, je sais.** On va trouver ton ami. Mais mettons-nous d'accord sur **un truc** avant toute chose.

— **Quoi ?**

— Si on croise des gens, **tu me laisses** parler.

On a finalement réussi à atteindre **la forteresse**.

Je n'avais jamais rien vu d'aussi **grand**. Les blocs de roche du Nether semblaient **sans fin**.

Un autre de ces **« ponts »** enjambait un large gouffre rempli de cette eau de feu orangée. Un wither squelette y **montait la garde**.

— C'est **Carcasse**, me chuchota Tadoss. Il a pas inventé l'eau chaude, mais c'est plutôt **un chic type**. Suis-moi et ne dis rien. Non, attends. Finalement, est-ce que tu serais capable de faire **un son chuintant** ?

Je sifflai.

— **Comme ça** ?

— À peu près. Mais un peu plus comme du **magma incandescent**, ou un truc du genre.

— Du **magma** ?

Tadoss me regarda comme si j'étais un cas **désespéré**.

— Mec, c'est obligé que t'aies déjà vu **un cube de magma**, me dis pas le contraire !

— Peut-être ? **Je sais pas.**

— **Bref**, passons. Quand on sera devant lui, commence à **chuinter**, d'accord ?

— Ça marche.

Tadoss s'approcha de l'autre wither squelette. Je le suivis.

— Je pensais pas que t'arriverais à **t'échapper** de ce bloc un jour, dit Carcasse. Avec **ta peur** de nager, en plus. Dans tous les cas, le patron a dit que tu n'étais plus vraiment **le bienvenu** maintenant.

— Pas de problème, répondit Tadoss. Je voulais juste montrer **ça** au patron, et après je m'en vais.

— **Hein ?** Qu'est-ce que c'est que ça ?

— Un type **super rare** de cube de magma. L'armée pourrait en avoir besoin.

Le wither squelette du nom de Carcasse s'approcha de moi.

— Ça ressemble à **aucun** cube de magma qu'il m'ait été donné de voir. Est-ce qu'ils sont pas généralement censés ressembler à... **euh...** genre du magma ?

Tadoss fit **non** de la tête.

— Comme je viens de le dire, c'est un type **très rare**. Et aussi **très puissant**.

Il me jeta un regard insistant.

— Et puis il **chuinte**, comme n'importe quel cube de magma.

Ah, **c'est vrai !**

Je chuintai aussi **fort** que possible.

— C'est quoi ce bruit **bizarre ?** dit Carcasse. Écoute, ça ne sonne pas du tout comme un cube de magma. En plus, pourquoi il est **bleu ?**

Tadoss soupira.

— Tu te **moques** d'un pauvre petit cube de magma parce qu'il est bleu ? Tu sais que le patron déteste ce genre de **discriminations !**

— **N-non**, se défendit Carcasse. Je...

Tadoss fit semblant de se mettre **en colère** et brandit un poing en avant.

— Bon, **il est bleu**, et alors ? Est-ce que tu as une idée du nombre de monstres qui se sont **moqués de lui** à cause de ça ?

— Je rigolais, **c'est tout !**

— **Justement !** Il n'est qu'une blague pour toi !

— **Je suis désolé !** S'il vous plaît, **entrez !** Et ne dites à personne que j'ai dit ça !

— Bon. Mais toi, ne dis **à personne** qu'on est là, ajouta Tadoss. Je veux que ce soit **une surprise** pour Endernova quand il verra son nouveau **cadeau.**

— O-**ouais**, d'accord.

Carcasse me regarda.

— Je suis désolé, mon pote. Les cubes de magma bleu, c'est **franchement cool**, tu sais. Même les cubes de magma bleu **avec des pattes !**

— Tchhh ! **Tchhh !** Tchh-tchh-tchh !!

— Encore désolé. Allez, **entrez**.

Là-dessus, on l'a dépassé pour entrer dans la forteresse.

— Tu dois te demander pourquoi il était si **effrayé**, me dit Tadoss une fois qu'on se fut éloignés. De ce que j'ai entendu dire, les autres enfants **se moquaient** d'Endernova quand il était petit parce que ses yeux **brillaient trop fort.**

— On peut dire que je sais ce que ça fait, répondis-je. Et donc, si un monstre aux ordres d'Endernova se moque de **l'apparence** d'un autre, il est **puni ?**

— **Ouais**, en gros.

Tandis qu'on avançait de plus en plus loin, je me suis rendu compte à quel point la forteresse du Nether était **énorme** : des couloirs **sans fin,** s'étendant sur des centaines de blocs.

En plus, il y avait **tellement** de monstres ici. J'avais déjà vu la plupart d'entre eux. Tadoss m'expliqua que les **trucs de feu flottants** qui avaient **l'air en colère** s'appelaient des blazes.

D'autres wither squelettes marchaient **en rangs**, ainsi que des cochons-zombies. Je vis même quelques ghasts **flotter** dans les pièces les plus grandes. **Malheureusement**, aucun d'eux n'était Clyde.

Bientôt, un wither squelette **m'arrêta** pour me questionner :

– Hé, toi, là ! Qu'est-ce que t'es au juste ? Tu es le monstre **le plus bizarre** que j'aie jamais vu !

– Je suis **Lord Flamboyant**, j'ai répondu. Cube de Magma **Royal** de l'Overworld. Endernova m'a demandé de lui accorder une visite. Et vous, **qui êtes-vous ?**

– Oui, donne-nous **ton nom**, intervint Tadoss, que **le noble Lord Flamboyant** puisse informer le **grand** et **puissant** Endernova de pareille **discrimination**, et...

Le squelette se laissa tomber sur ses genoux et **s'inclina** si bas qu'il en embrassait presque le sol de briques du Nether.

– Veuillez m'excuser, ô **noble** Cube de Magma ! J'ignorais tout simplement que votre peuple existait en de si délicieuses **nuances** de bleu ! Combien de fois dois-je **m'incliner ?**

– **Cinquante** fois devraient suffire, dis-je.

– Tout de suite, Votre **Seigneurie !**

Chaque fois qu'un monstre nous **interrogeait**, ça se passait comme ça, en gros.

À un moment, un cochon-zombie nous grogna dessus.

– **Urg !** Qui vous ? Pourquoi vous là ? **Urguuu ?** Quoi vous être ?

Tadoss pointa son épée en direction du cochon **zombifié**.

– Comment **oses-tu** t'adresser à Sa Majesté **le roi Braisepixel** de cette façon ! Il a voyagé jusqu'ici à la demande d'Endernova, et celui-ci sera **informé** de ton...

Le cochon-zombie **ne présenta pas** ses excuses.

À la place, il **se précipita** vers le rebord de la forteresse le plus proche, et – **sans sauter**, simplement en se laissant **basculer** – il se jeta dans le truc de feu orangé en contrebas. La façon dont il s'était laissé tomber plutôt que de sauter dans le vide, c'était comme s'il voulait atteindre la lave **le plus rapidement possible**, au millième de seconde près.

(Au cas où vous vous poseriez la question,
on se trouvait dans une section ouverte
de la forteresse à ce moment-là.)

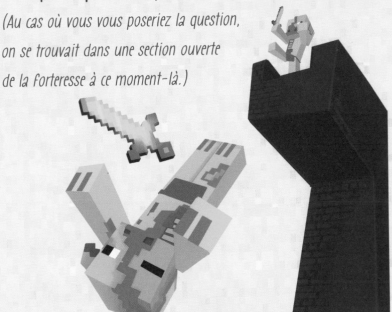

– **Ouah !** m'étonnai-je. Euh... c'était une réaction **un peu extrême**, non ? Ils doivent vraiment avoir **super peur** d'Endernova.

Une seconde plus tard, un blaze faisait son apparition.

— **Gzzzzt ?!** Qqqq-quoi ? Bgzzzt !! **Ê-ê-être ?!** Gzrrg !! T-t-toi... ?!
Je m'avançai, **prêt à répondre.** Mais je n'en eus pas besoin. Pas cette
fois. Le blaze était **très perturbé** par ma présence. Tellement
perturbé qu'il se mit à **trembler**, laissa s'échapper une série de
sons **crachotants** et s'éloigna tout en **tourbillonnant** sur lui-même,
sa direction changeant **aléatoirement.**

Je regardai le blaze **disparaître** dans l'obscurité, les crachotements
s'évanouissant peu à peu.

— J'ai vraiment l'air **si bizarre** que ça ?

Soudain, j'entendis une voix au loin.

— **Billy ?!**

Il était enfin là, glissant dans les airs. **Clyde.**

— **Clyde !** Qu'est-ce que tu fais ici ? **Je t'ai cherché partout !**

— Oh, Billy. **Je suis désolé.** Je...

— Est-ce que c'est vrai que tu as rejoint **l'armée d'Endernova ?**

— **Oui.** Mais seulement parce que je te cherchais moi aussi ! Je ne
savais pas comment **aller dans l'Overworld**, et j'avais trop peur d'y
aller tout seul.

Le **soulagement** m'envahit. Évidemment. Je savais bien que Clyde ne
les aurait pas rejoints **pour de vrai.**

— Il faut qu'on **sorte de là**, dis-je. Tout le monde **panique** en me voyant.

Clyde hocha vivement la tête.

— Et **pas qu'un peu** ! Je viens de voir un blaze passer, **à l'envers** !

On entendit dans le lointain une faible explosion, comme si le blaze avait fini par **heurter un mur**.

Tadoss fit la **grimace**.

— **Pauvre gars**. Bref, allons-nous-en d'ici. D'autres monstres peuvent se pointer **n'importe** quand.

— Il a raison, dit Clyde. **Allons-y** !

Pour vous la faire courte, c'est comme ça que j'ai réussi à **retrouver** Clyde. On parvint ensuite à sortir de la forteresse **sans trop** de soucis.

— L'Overworld est en **danger**, me dit Clyde une fois en **sécurité**. Endernova prépare quelque chose **d'énorme**. Bien pire que ce que nous pensions. **Même le Nether sera touché.**

— À ce propos, intervint Tadoss, vous deux avez l'air d'être des gars **cool**. J'aimerais vous **présenter** à mes amis.

— **Ça me va**, répondis-je. Tant qu'ils ne réagissent pas bizarrement en me voyant, comme se transformer en **bébé slime**.

Je ne me doutais pas que Tadoss allait nous faire **découvrir** ce que je considère maintenant comme l'**endroit le plus cool** de tout le Nether.

Sur le chemin pour aller rencontrer les amis de Tadoss, le wither squelette fit quelque chose **d'étrange**. Il récupéra **une pierre violette** depuis un endroit que je n'ai pas pu voir.

— Il est **bizarre ton caillou**, lui dis-je.

— C'est pas un caillou. **C'est un cristal.** Et ça s'appelle une pierre de **parlotte**.

— À quoi ça sert ?

— On peut l'utiliser pour **envoyer des messages** à d'autres gens. Même s'ils sont **très loin**. Et même des gens que tu ne connais pas. Tu peux leur parler **dans leurs rêves**.

— Comment est-ce possible ?

— J'en sais rien. **Par magie.** Jusqu'à présent, j'ai seulement été capable de **contacter deux villageois**.

— Est-ce qu'on peut leur parler maintenant ?

— **Hmm**, peut-être. **Essayons.**

Tadoss a rapproché le cristal afin que je puisse mieux voir.

— **Non.** Peut-être qu'ils ne dorment pas encore... **Oh, attends !** Si, en fait.

Le visage d'un **jeune garçon** est apparu dans le cristal. C'était la chose **la plus étrange** que j'aie jamais vue.

La voix du villageois semblait provenir de **l'intérieur** de la pierre
de parlotte :

— Comme si je ne faisais pas déjà assez de **mauvais rêves**.
Maintenant, je dois écouter **cet idiot de sac d'os** me parler avec
sa voix rocailleuse.

Tadoss approcha le cristal et se mit à parler dedans :

— **Idiot ?** C'est pas moi qui viens de me rétamer **à trois examens !**
Hé ! C'est bon, je suis désolé, **d'accord ?** Hé ! Écoute-moi ! Je ne
vais plus te demander de me sauver, t'inquiète. **Quelqu'un d'autre
l'a fait !**

Le wither squelette tendit son bras pour éloigner le cristal de nous.
Le jeune villageois eut **un air choqué.** C'était comme s'il pouvait
me voir à présent.

— Ne fais pas **cette tête !** a dit Tadoss dans le cristal. C'est pas des
monstres ! Bon, **OK,** ce sont des monstres, et moi aussi d'ailleurs,
mais **on est sympa !** On est pas comme les autres ! On a
construit **une ville entière** par nous-mêmes ! Une ville pour les gentils
monstres, à l'abri des **méchants.** Au fait, lui, **c'est Billy.** Il ne mord
pas. **Promis !** Oh, et là, c'est Clyde. **Ils sont super sympas !**

Il a raconté encore bien d'autres trucs au garçon *(des sortes de conseils),*
mais je ne m'en souviens déjà plus.

Après avoir traversé **d'innombrables** collines et suivi Tadoss dans une énorme grotte, je la vis enfin :

Lavacrest.

La ville des **gentils monstres**, cachée bien profondément dans les **entrailles** pierreuses d'une montagne.

De vastes rues de briques traversaient la ville **à perte de vue**. Des blocs de pierre **lumineuse** avaient été fixés au sommet de colonnes.

D'innombrables **portes en fer** ouvraient la voie vers des **magasins**, des maisons et même **des écoles**, où les monstres pouvaient apprendre de **nouvelles compétences**, comme creuser ou lancer des **enchantements**.

Tous les monstres **imaginables** se trouvaient là, y compris certains non originaires de **cette dimension**, comme des **endermen** ou des **sorcières**. Ils avaient fait le voyage jusqu'ici pour apprendre **la magie**. La magie... C'était quelque chose dont j'ignorais totalement l'existence, **jusqu'à aujourd'hui.**

Les sorcières, **en bande**, marmonnaient des paroles étranges. Des **glyphes blancs** flottaient en face d'elles.

— Que font-elles ? demandai-je.

— Elles lancent **un sort de protection**, répondit Tadoss. J'ai oublié le nom.

— **«Renforcement»**, dit Clyde. Elles ensorcellent les blocs de la ville afin de les rendre **plus résistants** aux explosions.

— Il existe même un sort qui rend les blocs **impossibles à creuser**, ajouta Tadoss. C'est de la magie de **haut niveau** par contre, qui nécessite **un diamant** pour s'accomplir.

Tandis que nous **errions** au hasard des rues, je m'émerveillais de tout, tandis que Clyde et Tadoss continuaient de discuter de tous les **«enchantements de blocs»** qu'ils connaissaient.

L'un de ces sorts, **« poussée de pics »**, faisait pousser des pics de tous les côtés d'un bloc, comme un **cactus**, de façon à **blesser** quiconque marchait à sa surface.

« **Première explosion** », lui, agissait comme **un piège** : si quelqu'un mettait le pied dessus, **il prenait feu**. Il existait aussi une version avec des éclairs, du nom de **« zap »**.

Un autre, **« aura gelée »**, garantissait un effet de **ralentissement**.

— Un peu comme le **sable des âmes**, dit Clyde. Sauf que ça ralentit aussi tes attaques.

— Sable des âmes ?

Tadoss a poussé un soupir.

— Ce **sable** que tu as vu dans la forteresse du Nether.

En plus des enchantements, il existait aussi des sorts qui créaient de nouveaux types de blocs. Par exemple, **« bloc d'ombre »**.

Après avoir jeté ce sort, il fallait choisir un **matériau** *(sable, pavé, pierre du Nether, ce que vous voulez)*, et **un bloc de ce type** apparaissait.

Ce bloc avait beau avoir **l'air réel**, il était en fait ce qu'on appelle une **« illusion »**. On pouvait **passer à travers** comme si c'était du vent.

— Nous sommes sur le point de placer des blocs de ce genre à **l'entrée de la grotte** menant ici, nous dit Tadoss. Ainsi, **les soldats** d'Endernova **ne trouveront jamais** cet endroit.

— Vous n'avez pas besoin **d'ailes de chauve-souris** pour lancer ce sort-là ? demanda Clyde.

Tadoss a hoché la tête.

– **Si**. Il faut vraiment qu'on se rende dans l'Overworld pour **chasser la chauve-souris**.

Un autre sort portait le nom de **« bloc de lumière »**.

Il faisait apparaître un bloc fait d'une **intense** lumière blanche qu'il était possible de traverser. Toutefois, se tenir dans ce bloc était comme être en pleine **lumière du soleil**.

Une version plus puissante de ce sort, **« bloc de lumière concentrée »**, doublait **la force** de la lumière du soleil ; ce qui voulait dire qu'il pouvait réduire les monstres **en cendres**.

– On s'est dit qu'un mur de blocs de lumière serait la défense **idéale** contre une horde de zombies, nous dit Tadoss. Malheureusement, les deux versions du sort nécessitent des **émeraudes** pour pouvoir les lancer.

« Aspect boueux » pouvait donner à n'importe quel type de bloc la **consistance de la boue**. Si quelqu'un marchait dessus, il se mettrait à **couler** lentement. La vitesse de leurs mouvements serait également **réduite**, mais pas autant qu'avec le sort **« aura gelée »**.

Inutile de vous faire un dessin, mais, bien entendu, **« aspect slime »** donnait à un bloc les propriétés d'un **slime**, ce qui voulait dire qu'on pouvait l'utiliser pour **rebondir**.

Mais selon moi, le sort le plus intéressant était le « cube téléporteur ». Je n'avais aucune idée de comment ça marchait, mais Clyde m'expliqua qu'on pouvait l'utiliser pour parcourir de grandes distances, instantanément.

— Pas un seul monstre dans cette ville ne connaît ce sort, dit Tadoss. Pas même Grizarre.

— Grizarre ? demandai-je.

Pour une fois, Tadoss ne se montra pas agacé par mon manque de culture.

— C'est le gars qui dirige cet endroit.

— C'est aussi celui que nous allons voir maintenant, ajouta Clyde. Je suis certain qu'il en saura plus à propos de ton... état actuel.

Environ dix minutes plus tard, nous avons atteint la maison de Grizarre, une énorme hutte faite de quartz du Nether. Tadoss accéléra le pas en marmonnant des propos que nous ne pouvions entendre.

Clyde et moi avons échangé un regard,
puis lui avons emboîté le pas.

Grizarre était un enderman.

Toutefois, il n'était pas noir mais **gris clair** et ses yeux étaient du **bleu du ciel**. Il portait de plus **un chapeau blanc** plutôt classe, un peu du genre de ceux que les sorcières portent en général.

Il était aussi connu pour être un **« endermage »**, l'un des derniers **sorciers endermen** de Minecraftia.

– **Où étais-tu passé ?** a-t-il demandé d'entrée de jeu à Tadoss.

– **Ces crétins** m'ont abandonné quelque part.

123

– Oh ?

Tadoss a retiré la **pierre de parlotte violette** de son inventaire.

– Et ton **cristal** n'a pas fonctionné.

– Qu'est-ce que tu veux dire par : **« ça n'a pas fonctionné »** ?

– Eh bien, j'ai essayé de prévenir **les villageois** que l'Overworld était en danger. Je les ai **suppliés** de venir me libérer. Mais **la fille** m'a **ignoré** et cette **vermine** de **Minus** n'a fait que me dire de dégager.

– Toutes mes excuses, a dit Grizarre. Les villageois sont un peuple un peu **rustre**. Ils peuvent parfois se montrer **grossiers**. Il est cependant étrange que tu n'aies pas réussi à joindre **d'autres personnes**. Hum. Donne-moi **la pierre de parlotte**.

– Avec **plaisir**. Prends-la.

– Je t'en ferai **une autre** plus tard dans la soirée, a dit l'endermage. Il jeta un bref regard vers Clyde et moi.

– Et qui sont **tes nouveaux** amis ?

Tadoss nous présenta tous deux. L'endermage remarqua **ma marque**.

– **Intéressant**. Tu viens donc de l'Overworld, c'est bien cela ? **Oui**. Tu étais autrefois **un chaton**. Je vois, à présent.

– Vous savez ce qui m'est arrivé ? demandai-je.

– **Je le crois**. Bien sûr, il faut que je consulte les **Textes Anciens**.

Partez, pour le moment. **Mangez.** **Dormez.** Nous parlerons de nouveau demain matin.

Peu de temps après, j'avais déjà mangé **trois saumons** et étais **pelotonné** près d'un bloc de roche incandescente. Je n'avais aucune idée de comment ces monstres avaient réussi à **dégoter** du saumon, et je n'allais pas poser la question.

Par magie, **probablement.**

Je **bâillai.** Peut-être savaient-ils faire apparaître de la nourriture de la même façon que des blocs ?

Alors que je **sombrais** dans le sommeil,
je me mis à **ronronner.**

Le lendemain matin, je retrouvai de nouveau **l'enderman gris**. Il me raconta plein de trucs et me montra **un énorme** livre ancien. Il m'a laissé **l'emprunter**, alors je vais en recopier quelques passages.

***

LA PROPHÉTIE DE MINECRAFTIA, VOLUME I

Et il en sera ainsi : en ces temps périlleux, deux Sauveurs émergeront de la Lumière Sacrée et écarteront le Voile des Ténèbres.

L'un des Sauveurs apparaîtra sous la forme d'un jeune Humain : KOLB. Il représente tout ce qui est Terrestre et Connu. L'autre Sauveur arrivera sous la forme d'une jeune Sylphide de grande beauté : IONE. Elle représente l'Immatériel, l'Inconnu.

Hélas, nos Sauveurs devront emprunter un chemin bien difficile, car leurs Armes Divines, de Lumière Sacrée et forgées par le Berger Blanc, ont été détruites pendant la Seconde Guerre. Chacune des armes ne pourra être reforgée que lorsque leurs fragments seront réunis.

En plus de nos Sauveurs, cinq Êtres seront de même Élus par la Lumière :

1. Un villageois, montrant une incomparable créativité et de la perspicacité, ainsi que de la compassion pour toutes vies. Il prendra l'épée et deviendra non seulement un Guerrier, mais aussi un Tacticien hors pair. Bien que sa force lui soit propre, la Lumière Sacrée l'aidera sous le signe de la Chance. Il est le champion de l'Overworld.

2. Trois animaux, faisant preuve d'un grand courage face au danger et de loyauté envers leurs amis. Le genre et la forme de chacun de ces animaux sont Inconnus. Ils seront dotés d'une grande intelligence et commenceront par prendre la forme de monstres. Le premier de ces animaux Élus partira en quête et sera au service du premier Élu. Ces animaux sont les champions du Nether.

3. Le troisième Élu est entièrement Inconnu. Il est toutefois Connu que cet Être sera le plus étrange de par sa nature. Il est le champion de l'Ender.

Sachez ceci : tandis que les Ténèbres continuent de s'étendre sur notre Monde, nos Sauveurs devront partir en quête des fragments de leurs Armes Divines, car ces lames sont les deux seules Armes Divines subsistantes de la Seconde Guerre. Le reste, détruit par Celui Sans Yeux, est perdu pour toujours.

Avant toute chose, nos Sauveurs devront se rendre à la Capitale de notre Monde, connue sous le nom de la Cité d'Aetheria, où ils apprendront les événements du passé et s'entraîneront, car leur énergie aura pâti de leur périple.

Peu de temps après, la Grande Guerre commencera entre les forces de la Lumière et celles des Ténèbres.

***

Bon. Il y a encore **un tas de trucs** dans ce livre, mais je commence à avoir mal à la tête *(et à la patte aussi)*.

En une période obscure, des héros de **« l'Autre Monde »** arriveront pour aider à **combattre** le mal. Cinq êtres de ce monde-ci ont été **élus** eux aussi.

Je suis **l'un des animaux mentionnés**. Je suis censé trouver et servir le premier **« Élu »**. Un villageois. Cela veut dire que je dois retourner dans l'**Overworld**.

Mais ce sorcier enderman, **Grizarre**, ne veut pas que j'y aille. Pas encore. Il dit que je dois en apprendre davantage sur **mes compétences** avant de partir. Que je dois devenir **plus fort**.

On a parlé de tout ça la journée **entière**. Je suis vraiment **fatigué** maintenant. Parler dans **une langue non-chat** que je viens tout juste d'apprendre est difficile pour moi, vous vous rappelez ?

Au fait, quelques-uns des monstres d'ici savent vraiment faire apparaître de la nourriture par magie. **C'est trop génial.** Tout ce que j'ai à faire, c'est **demander** à n'importe quel enderman ou à une sorcière du saumon cru, et **le tour est joué**. Je peux le **cuire** moi-même, car j'ai reçu **une intelligence supérieure**, d'après ce qu'a dit ce vieux bouquin. C'est pas trop cool ? **Meow !**

C'est l'heure de dormir.
Mon « entraînement » commence demain.

— Ils nous ont trouvés ! Ils nous ont **trouvés** !

Je me suis réveillé en entendant **un sorcier creeper** crier ces mots. J'étais toujours dans la maison de **Grizarre**. En sortant, je vis un grand nombre de différents monstres **affolés** et poussant des cris. Grizarre et Tadoss **émergèrent** de cette foule.

Ils retenaient chacun par un bras un cochon-zombie. Celui-ci me disait quelque chose. Mais où pouvais-je bien l'avoir **déjà vu ?**

— On l'a trouvé en train de **fouiner** aux portes de la ville ! me dit Tadoss. **Le rat !**

Clyde est descendu à notre niveau.

— Qu'allons-nous faire de lui ?

— Nous allons devoir **l'emprisonner**, répondit Grizarre. Si on le relâche, il donnera **l'emplacement** de notre ville à Endernova.

— **N-non**, dit le cochon-zombie. M-moi **vouloir...**

— **Tais-toi !** aboya Tadoss. Tu dirais n'importe quoi pour t'échapper.

Un creeper hurla :

— **Hisssss**, moi l'exploser ! **Moi vouloir l'exploser !**

— Moi je dis qu'on devrait **le jeter** dans **le gouffre !** s'écria une sorcière. C'est le **meilleur** moyen !

– Ouish ! Le gouff' ! **Le gouff'** !

Plusieurs cochons-zombies *(des gentils, apparemment...)* se mirent à scander : « **Le gouff'** ! **Le gouff'** ! **Le gouff'** ! »

Bientôt, des centaines de monstres entamèrent le même chant.

(Par contre, la plupart criaient/chantaient **« le gouffre »** *et non pas* **« le gouff' ».** *Pourquoi parlaient-ils tous* **différemment ?)**

– Ils ont **raison**, dit Tadoss. Il n'y a qu'une seule façon de se **débarrasser** de nos ennemis, et c'est de les jeter dans **le gouffre.**

Un bon coup dans le derrière – mais pas trop fort, hein, à peine une petite tape sur les fesses –, et **boum**, un billet simple vers une autre dimension. Tout à coup, notre problème n'est **plus un problème**, mais juste **le petit-déj'** pour **un monstre des limbes** affamé.

Une larme roula sur la joue de Clyde. **Il bondit.**

– **Non !** Qu'est-ce que tu racontes ?! **On peut pas faire ça !** On ne vaudrait pas mieux qu'Endernova !

Il s'interrompit.

– Attendez. **Euh... les gars,** c'est quoi le **gouffre** ?

– **Oh !** D'accord. C'est ça le gouffre alors.

Certains disent qu'il n'a **pas de fond**, mais Grizarre m'a raconté la vérité : **il va jusqu'aux limbes**.

Lorsque tu y tombes, ça dure un sacré **paquet de temps**. Mais après **6 570 blocs**, tu finis par arriver dans **un monde étrange**. Un monde où **la nuit est éternelle**, où les plantes sont en **cristal**, où les lacs sont **bleu fluorescent**, où des choses **invisibles** te frôlent et **chuchotent** à ton oreille, et, bien entendu, où il y a des monstres **horribles**.

Du moins, c'est ce que m'a dit **Grizarre** quand je lui ai demandé ce qu'il y avait là-dedans. Peut-être qu'il essayait juste de **me faire peur ?**

Il m'a aussi dit qu'une **tribu de champignons pacifiques** y vivait et qu'ils s'y connaissent en « **Artisanat Avancé** » et en « **Potion Avancée** ». Aucune idée de ce que ça veut dire.

En tout cas, **trente minutes** plus tard, plus d'un millier de monstres se tenaient autour de ce qui semblait être **un trou sans fond** qui pourrait *(ou pas)* mener vers un endroit encore **1 000 fois plus fou** que le Nether.

Le **prisonnier** se tenait tout au bord, son dos tourné vers nous. Tadoss était juste derrière lui.

— Donne-moi juste **le feu vert**, Grizarre, et j'envoie cette **vermine** vers **une toute nouvelle dimension**.

— **Sivouplé**, geignait le cochon-zombie. Moi. Pas. **M-m-méchant**.

L'endermage a fermé les yeux pendant carrément **plusieurs minutes**. Des larmes de ghast **ruisselaient** le long des joues de Clyde et deux sorcières étaient à présent en train de **les récupérer**.

Je n'avais pas quitté le cochon-zombie des yeux pendant tout ce temps. *Mais où pouvais-je bien l'avoir déjà vu ?* **Ce machin sur sa tête.** *J'avais déjà vu un cochon-zombie porter un truc du genre auparavant.*

Attendez une **seconde !** *C'était ce* **capitaine** *qui avait mené les autres monstres hors de l'Overworld après qu'Endernova s'est* **téléporté.** *C'était* **le cochon intelligent,** *celui qui pouvait vraiment parler. C'était quoi son nom déjà ?*

Rarg ? Oui, c'est ça ! **Rarg**, le capitaine cochon-zombie !

— Très bien, a dit Grizarre. J'ai décidé que...

— **Non !** hurlai-je.

Je m'avançai vers Rarg et me tournai vers les autres monstres.

— **Attendez !** J'ai déjà vu ce cochon-zombie !

— **Quoi ?** Dans la forteresse du Nether ? demanda Tadoss. Et alors ?

— Dans **l'Overworld**, lui répondis-je. J'étais planqué et je regardais l'armée d'Endernova **paniquer**, **aveuglée** par le soleil. Ils ne s'attendaient pas à ce que le soleil soit si **éclatant**.

— Où veux-tu en venir ? intervint Grizarre.

— Eh bien, pendant que je regardais, j'ai senti qu'il y avait **quelque chose de bon** chez ce cochon-zombie. Parce qu'il portait **ce truc** sur sa tête, il était **le seul** à ne pas être aveuglé par le soleil ; et il a aidé les autres à retourner dans le Nether **en chantant une chanson** pour qu'ils puissent le suivre.

L'endermage a hoché la tête.

— Je vois, je vois. **Hmm**. Porter un casque, **excellent**. Il est donc **malin**. Hmm.

— Et il n'y a pas que ça, ajoutai-je. J'avais vraiment **le sentiment** qu'il n'avait **pas envie** d'être là. Qu'il ne voulait pas attaquer l'Overworld. Il n'arrêtait pas **d'hésiter** quand Endernova lui adressait la parole.

— **Arrête ça !** dit Tadoss. Tu sais très bien qu'il n'y a rien d'autre qu'on puisse faire que de **le pousser !** Il va donner notre **localisation** si on ne le fait pas !

— **Silence**, le coupa Grizarre.

L'endermage s'avança jusqu'à Rarg.

— **Est-ce vrai ?** Tu souhaites vraiment **abandonner** l'armée d'Endernova pour nous rejoindre ?

— **O-oui**, répondit Rarg. Moi **marre** du **patron**. Et moi avoir beaucoup amis marre du patron. Patron **toujours crier**. Toujours vouloir nous faire **méchantes** choses. Nous pas vouloir faire méchantes choses.

— Dans ce cas, pourquoi n'êtes-vous pas partis **plus tôt ?** demanda Grizarre.

— **Nous peur**. Patron faire **apparaître feu** sans le feu. Patron faire **apparaître éclairs** sans les éclairs. Patron a aussi **changé** trois amis à moi en **choses noires volantes** qui couinent. Après, il a **mangé** choses noires volantes qui couinent. **Moi tellement triste**. Moi tellement **en colère**. Quand moi voir choses noires volantes qui couinent... moi **me souvenir**. Moi **pleurer**. Moi veux aider battre lui.

— Des choses noires qui couinent ? s'est agacé Tadoss. C'est comme parler au chaton ! Tu peux pas **être plus clair ?**

— Il veut parler de **chauves-souris**, intervins-je.

— **Oh,** je vois, dit Clyde. Je ne suis pas sorcier, mais à ma connaissance, il n'y a qu'un sort qui permette de **changer quelqu'un en chauve-souris.** Grizarre a pris un air encore **plus sérieux.**

— Oui. **Polymorph III**. Ainsi, Endernova connaît ce sort. C'est une bien **mauvaise nouvelle**. Il est encore **plus puissant** que nous ne l'avions imaginé.

— Pourquoi ne laisserions-nous pas Rarg **nous rejoindre**, alors ? demanda Clyde. S'il veut vraiment **quitter** l'armée d'Endernova, il pourrait **nous dire tout** ce qu'il sait !

— Ce n'est **pas une mauvaise idée**, dit Grizarre. En plus de ça, il peut probablement **convaincre** ses amis de changer de camp eux aussi.

Tadoss a pris un air **contrarié**.

— Les gars, vous ne savez donc **rien de rien ?** On ne peut pas prendre **le risque !** Écoutez, je suis un wither squelette, pas vrai ? J'ai grandi dans cette forteresse du Nether. J'étais **un sale type**. Je sais comment les sales types pensent. Et voilà ce que pensent les sales types : **des sales trucs**. Endernova l'a probablement envoyé ici et lui a ordonné de nous **raconter** toutes ces histoires. Et une fois qu'on se sera mis à lui faire **confiance**, quand on l'aura laissé s'installer ici et qu'on lui aura **mijoté** un bon petit **ragoût de slime** ou je ne sais quel autre truc **dégueu** que ces gars mangent, quand il aura tout appris sur nous, alors il retournera à la forteresse du Nether pour **tout balancer**.

Les autres monstres avaient l'air **divisés**. Certains étaient d'accord avec Grizarre et Clyde, d'autres avec Tadoss.

La situation était **plus poisseuse** qu'un slime.

Soudain, Rarg a tendu **un tas de perles** de l'Ender.

— Moi d-d-d... **d-d...**

— **Donner ?** lui demandai-je.

— 0-oui. **M-moi d-donner**.

— Où as-tu trouvé ça ? s'est écrié Tadoss.

— Moi attraper **choses vertes**. Dans la grande maison rouge. Moi d-d... donner vous. **D'accord ?**

— **Intéressant**, dit Grizarre en prenant les perles. D'abord, le chaton, et maintenant **ça**.

Rarg tendit ensuite une pile de **lingots d'or**.

— **Machins brillants.** Moi aussi prendre ça. Machins brillants au patron. Patron avoir **beaucoup** machins brillants.

Il laissa tomber les lingots au sol, puis retira de son inventaire tout un tas de **pierres vertes étincelantes** qu'il jeta à côté des lingots.

Plusieurs monstres laissèrent échapper une exclamation **stupéfaite**.

— **Tellement** d'émeraudes !

Suivirent ensuite une cinquantaine de choses en verre remplies d'eau. Sauf que l'eau à l'intérieur n'était pas bleue, mais **violette, rouge, verte...**

— Des potions aussi ?

— Patron me dire toujours **surveiller** bouteilles. Surveiller aucun monstre prendre bouteilles. Pourquoi bouteilles **si importantes ?** Moi me demander. **Mais secret.** Moi essayer boire bouteille une fois. Moi **sauter** très haut.

Rarg eut **un petit rire**.

— Moi **aimer** bouteilles.

Un **énorme** tas d'objets se forma peu à peu aux pieds de Rarg.

Il y avait plusieurs livres, du genre de celui dans lequel j'écris maintenant.

Sauf qu'ils avaient **un scintillement violet**. Était-ce de la magie ?

– Des livres **d'enchantements ?** s'écrièrent quelques monstres.

Rarg ajouta encore à la pile plusieurs **cailloux blanc bleuté**. Ça

s'appellerait **des diamants**, apparemment.

– Patron dire cailloux brillants **les meilleurs**. Pas manger cailloux

brillants. Cailloux brillants durs. Mais cailloux brillants faire

bonne **arme pointue**. Faire aussi bon truc de corps, genre sur

tête ou pieds.

Tout autour de moi, **l'excitation** des autres monstres devenait

palpable. Ils ne cessaient de pousser des exclamations à propos des

émeraudes, des diamants, des livres d'enchantements, des potions...

– Toute dernière chose. **Métal brillant**. Moi trouver dans boîte en

bois. Patron dire c'est **poubelle**. Mais moi penser **très joli**.

Rarg le cochon-zombie extirpa de son inventaire un nouveau caillou.

Non, attendez. Ce n'était pas un caillou. **Un bout de métal ?**

Il était d'un **métal argenté étincelant aux reflets multicolores**.

C'était **si beau**. La couleur principale était une **superbe** teinte

de vert.

— **Incroyable**, souffla Grizarre. Je n'arrive pas à y croire... C'est...
Cela **ne se peut...** Mes chers monstres, vous avez devant vous **un fragment**. L'un des sept fragments de **Dégâgnarok.**
Tout le monde resta **silencieux** un moment, puis :

— **Hein ?**

— Fragment ?

— **Dégâgnarok ?**

— De quoi tu parles, Grizarre ?

— Ça ressemble juste à **un bout de métal**, d'après moi.

— C'est bien un morceau de métal, répondit Grizarre. Toutefois, ce n'est pas du fer. C'est de **l'adamant**, un métal devenu **si rare** à notre époque qu'on croyait qu'il n'existait que dans **les légendes**.
Je me rappelais du vieux bouquin que l'endermage m'avait prêté.

[...] leurs Armes Divines, de Lumière Sacrée et forgées par le Berger Blanc, ont été détruites pendant la Seconde Guerre. Chacune des armes ne pourra être reforgée que lorsque leurs fragments seront réunis.

— Tu veux dire que ça vient de l'un des bâtons pointus dont parle le livre ? demandai-je. **Des épées**, je veux dire.

— **Exactement !** s'est exclamé Grizarre.

Les autres monstres n'avaient pas l'air de **comprendre**. Une expression de **confusion** totale remplissait leurs yeux carrés.

L'enderman gris les fusilla du regard.

– **Imbéciles !** Il n'y en a donc pas un parmi vous qui ait lu **la prophétie ?** Ce morceau de métal est **un fragment de l'épée légendaire Dégâgnarok !** Une épée forgée dans l'ancien temps, quand les mondes étaient habités par des monstres bien **plus puissants** que vous tous ! À cette époque, les armes devaient être assez solides pour combattre des **land wyrms**, des **lurkers** ou toutes autres bêtes **terrifiantes** que vous ne pourriez pas même imaginer ! C'est l'une des seules armes encore existantes, assez puissantes pour **pouvoir blesser Celui Sans Yeux**, dont je ne prononcerai pas le vrai nom ici !

– **Des lurkers ?** a soupiré Tadoss. Est-ce que ce sont ces gigantesques calamars aux **mille tentacules** et avec un seul énorme œil violet ? Ces créatures qui vivent profondément sous terre ? La raison pour laquelle certaines mines sont **abandonnées ?** Les monstres qui réduisent la **longévité** d'un artefact rien qu'en le regardant ? Je croyais que ces trucs étaient **une légende.**

Tadoss eut un petit haussement d'épaules.

– Eh ben, qui l'eût cru ?

– **Imbécile !**

Grizarre a saisi **le fragment** et s'est tourné vers Rarg.

— Je vois maintenant que c'est **le destin** qui t'a mené jusqu'à nous.

L'enderman s'adressa ensuite à la foule présente.

— Nul ne doit faire de mal à ce cochon-zombie ! **Libérez-le immédiatement** et assurez-vous qu'il soit **correctement** intégré à notre cité !

Il a ensuite poussé un soupir.

— Je dois **me retirer** à présent. Il y a tant de choses à faire. **Suis-moi, chaton.**

Rarg se tourna vers moi.

— Merci, **chose bleue poilue**. Toi aider moi. **Moi si content**. Toi et moi **amis** maintenant ?

— Oui, répondis-je. **Toi et moi amis maintenant.**

– **Respire !** me cria l'endermage. **Respire !!**

– Je respire, répondis-je. **Je respire !** Mais comme vous pouvez le voir, **ô Grand Endermage**, aucune boule de feu ne sort !!

– **Essaie encore !**

Respire, **respire**, **respire**.

Rien. Juste des petits nuages d'air.

On était de retour chez Grizarre. L'endermage essayait de m'apprendre à **utiliser** mes compétences.

Tandis que je soufflais encore et **encore**, un cochon non zombifié qui se tenait non loin de moi me vit et essaya de faire de même. Quelques secondes plus tard :

– **Gueuarg !** Moi souff'-souff' **fort** maintenant. Je vais toilettes vite-**vite.**

– **Laisse-nous !** tonna l'endermage.

Puis après que **l'intrus** fut parti :

– Clyde ! **Clyde !** Oh, mais où a bien pu disparaître cet idiot de ghast ?!

– **Je suis là !** s'exclama Clyde. Quel est **le problème ?**

– Tu vois ce **mur d'obsidienne ?** demanda Grizarre. Jette-lui une **boule de feu !**

– Vous pourriez arrêter de crier ?

– Tout de suite !!

Le ghast s'exécuta : il prit une grande bouffée d'air et – **whooosh !** – lança une grosse **boule de feu.** Elle frappa le mur d'obsidienne sans que cela ne fasse grand-chose.

– Maintenant, lances-en **une autre ! Continue !**

Je regardais Clyde jeter boule de feu sur boule de feu contre le mur d'obsidienne.

– **Bien !** dit l'enderman. Maintenant, chaton, **à ton tour !**

– Ça marche.

Respire ! **Respire ! Respire !**

Plutôt **pathétique.** Pas même un nuage de fumée.

– Tu n'essaies pas assez fort ! me cria Grizarre. **Essaie !!**

– J'essaie !! hurlai-je.

– Essaie mieux que ça !!

– C'est ce que je fais !!

– Il y a de bonnes chances pour que ton monde soit bientôt **détruit,** chaton ! Est-ce que **tu comprends ça ?!**

Je me suis mis **à feulais.**

– Hé ! Arrête ça, d'accord ?! Pendant cette dernière heure, ça n'a été que « **Saute là-dessus !** », « **Nage dans cette lave là-bas !** »,

« Deviens invisible ! », « Crache miraculeusement des boules
de feu comme si tu étais un... »
Mon corps se mit soudainement à trembler.

Tousse, tousse.
Errrrrrrrkkkkkkkkkk.
Erkrkrkrrrrkkkkkrrrkkkkkkkk.

Qu'est-ce qui m'arrive ? Ça fait super-mal !
C'est comme cracher **une boule de poils,** mais dix fois pire !
À la place, je crachai **une boule de feu.** C'était un petit truc
minuscule, peut-être à peine dix fois la taille d'une **étincelle.**
Elle sortit de ma bouche et **tremblota** dans les airs. Il y eut un petit
son tout triste en même temps : **p'twiiiiiiiiii...**
Cette minuscule boule de feu, tout en volant **très lentement** *(plus
lentement qu'un cochon-zombie qui marche)* et en **zigzaguant,**
ralentit encore plus au fur et à mesure qu'elle se rapprochait du mur.
Elle continuait de faire ce petit bruit : **iiiiiiiii...**

Nous l'avons **tous regardée** tandis qu'elle continuait d'avancer
pathétiquement.

Ça lui a pris **sérieusement** vingt secondes pour traverser une distance de **neuf blocs**.

Finalement, elle atteignit le mur et s'éteignit avec un faible grésillement. **Je toussai encore**. Un petit nuage de fumée sortit. Le **silence** demeura pendant un long moment.

Je regardai **Clyde**. Clyde regarda **l'enderman**. L'enderman **me regarda**. Je regardai **l'enderman**. L'enderman regarda **Clyde**. Clyde **me regarda**. Puis on **se tourna tous** vers le mur d'obsidienne contre lequel **ma minuscule boule de feu** venait de disparaître.

— Je n'arrive pas à y croire, dit Grizarre. **La prophétie ! Tout est vrai !**

Clyde se mit à tourbillonner sous **l'excitation**.

— C'est **tellement** cool, Billy ! **Ouaouh !** Je savais que tu pouvais le faire !

— Ouais, ouais, **pas mal, gamin !**

Tadoss se tenait maintenant sur le pas de la porte.

— Alors, t'es **un genre de mutant**, c'est ça ?

Quelques instants plus tard, j'entendis **une voix familière**. Une voix de **fille**. Plus important encore, **une voix de chaton**.

— **Ben dis donc ! Billy ?!** Qu'est-ce que c'était que ça ?!

Touffu et **Miaou** se trouvaient eux aussi à l'entrée. **Mes amis de l'Overworld.** Bizarrement, même si je les avais reconnus, ils ne ressemblaient plus à des chatons. **Plus vraiment.**

De **grandes** griffes.
Des oreilles **ridiculement** longues.
À vrai dire, aussi **étrange** que ça puisse paraître,
eh bien... ils me ressemblaient un peu.

Hier, j'ai **craché** du feu.

Au même moment, mes amis sont **apparus**. **Touffu** et **Miaou**.

Ils étaient plus ou moins dans **le même état** que celui dans lequel je me trouvais il y a encore quelques jours : **paumés**.

Ils sont toujours **reconnaissables**. Touffu est encore **roux** et Miaou majoritairement **blanche**. Par contre, ils ont maintenant **l'air effrayant**. Effrayant du genre *un-enderman-t'observe-dans-une-pièce-obscure-en-faisant-des-bruits-bizarres-et-seuls-ses-yeux-violets-sont-visibles-dans-le-noir*. Non, en fait, **pire** que ça. Plutôt du genre *ma-mère-qui-m'appelle-en-colère-et-me-menace-de-me-faire-manger-de-la-tourte-au-poisson-lune-pour-une-semaine*, ou bien *humain-qui-essaie-de-m'amadouer-avec-une-citrouille-plutôt-qu'avec-du-poisson*.

Miaou entra dans la maison d'un pas **hésitant**.

– Billy ?

Touffu la suivait, la queue entre les pattes.

Grizarre, l'endermage, tourna presque de l'œil en les voyant. Il regarda Tadoss avec un air **hébété**.

— Je ne... C'est... Qu'est-ce qui se passe, Tadoss ? Hier, tout était encore **normal**, je sirotais un **thé à la redstone** en rêvassant à ma prochaine **invention**. Puis brusquement ce chaton se pointe avec **la marque**, suivi d'un cochon-zombie, qui non seulement rejoint nos rangs, mais nous remet le **trésor** de l'armée d'Endernova. Puis le chaton se met à véritablement **cracher du feu**. Je n'avais jamais cru à **la prophétie**, moi ! **Personne** n'y croyait ! Et voilà que maintenant deux de ses amis arrivent, et ce sont **des Élus** eux aussi...

Il se **tut** peu à peu et son regard se perdit au loin.

Tadoss poussa un grand soupir.

— Trois chatons en tant qu'**Animaux Élus**. Ça ne pouvait pas être quelque chose de **plus dingue**, comme un poulet et un âne ? ou une chauve-souris et une vache ?

— J'espérais que ce serait un calamar et un cochon ! dit Clyde. J'ai lu des trucs sur **les calamars**, une fois.

— N'importe quoi, mais pas **trois chatons**.

Le wither squelette donna un petit coup de coude à **Grizarre**.

L'endermage était toujours en train de **maugréer** :

— J'aime bien le thé à la redstone... et... des chatons... trois chatons... qu'est-ce que ça **signifie... ?**

— Alors, ce sont **tes amis**, Billy ?

Clyde me regarda avec **un sourire**. Enfin, pas exactement un sourire. Mais il avait **arrêté de renifler** et ses sourcils n'étaient plus froncés. Pour un ghast, c'est l'équivalent d'un sourire, **en gros**.

— **Oui**, répondis-je en m'approchant de Touffu et Miaou.

— On a croisé **la sorcière**, dit Miaou. Elle nous a tout raconté.

— On ne l'a pas crue quand elle a dit qu'on avait **les mêmes pouvoirs** que les monstres, ajouta Touffu. Mais **c'est vrai**, pourtant. C'est trop **géant**. Comment je fais pour **cracher du feu** comme t'as fait ?

— Vous n'auriez pas dû me suivre, les gars. **Vraiment**. Vous n'avez aucune idée de ce dans quoi vous vous **fourrez**.

Miaou avait l'air à deux doigts de pleurer.

— **Billy ?**

— Ouais.

— Qu'est-ce qui se passe ?

— **Eh bien...**

J'ai essayé de leur parler de **la prophétie** et je leur ai montré le livre de Grizarre. C'était **difficile** pour moi de tout bien leur expliquer, mais l'endermage ne faisait rien pour me **faciliter** la tâche. Il n'arrêtait pas de **marmonner** des choses à propos du thé à la redstone : qu'il l'aimait chaud, mais pas trop, que son petit secret était de rajouter quelques **pétales de fleurs** écrasées, comme l'orchidée bleue, pour lui

donner meilleur goût, que selon lui ça apportait plus de **« tonus »**
quand il préparait son thé à **son atelier pour potions...**

Je me tournai vers l'endermage.

– Hé, **Grizarre** ? Qui a écrit ce livre au fait ?

– La différence est dans la manière de porter à **ébullition**, marmonnait-il.
Un atelier à potions **aère** le thé davantage et lui donne cette petite
sensation de fraîcheur...

Les oreilles et la queue baissées, je commençais à me dire qu'après
être devenu capable de cracher du feu, mon prochain **pouvoir** allait
bientôt être de faire **sortir de la vapeur** de mes oreilles.

– **Bon**, dis-je. Tant pis pour celui qui a écrit le livre alors. Ce que
j'aimerais vraiment comprendre en fait, c'est comment ils savaient
que tout ça allait arriver ? Comment savaient-ils que **trois animaux**
allaient être **transformés ?**

– Oui, en effet... **La tulipe rose** a bien meilleur goût que **la pâquerette
œil-de-bœuf**, oui... oui, certainement...

– **Euh...** il lui arrive quoi là au juste ? demanda Tadoss.

Clyde **haussa** les épaules. Enfin, Clyde n'a pas d'épaules, c'est qu'un
gros bloc blanc avec un visage en fait. Mais j'ai eu **l'impression** qu'il
haussait les épaules en tout cas.

– Il s'est passé **beaucoup** de choses aujourd'hui.

— On peut dire ça, oui, dit le wither squelette en jetant un coup d'œil dehors. Je vais aller voir si tout va bien avec **Rarg**. Écoute, Billy. Et si tu attendais un peu que notre cher endermage **reprenne ses esprits** et arrête de babiller comme **un bébé slime,** avant de parler de **la prophétie** à tes copains ? En attendant, tu peux leur faire **visiter la cité.** D'ac ?

— **Ça marche**, dis-je en jetant un coup d'œil aux deux chatons du Nether. Allons-y.

Nous sommes sortis tous les trois de la hutte de Grizarre. Je n'ai pas vraiment eu **peur** à la vue de mes amis. J'étais encore tellement **sous le choc** de tout ce qui était arrivé que j'étais à deux doigts de me mettre à **délirer** comme l'endermage. Si ne serait-ce qu'un seul truc **complètement fou** était arrivé à cet instant, je vous jure que je me serais mis à **bougonner** à propos des biscuits au poisson-lune : comment aligner parfaitement les œufs, le lait et le sucre **pixel** par **pixel** sur le plan de travail pour obtenir cinq étoiles auprès de la Société Minecraftienne Internationale de Pâtisserie, en réussissant non seulement la **consistance**, mais aussi la **forme** et la texture, ainsi que la **légèreté** de la pâte, **craquante**, mais sans s'émietter, avec chaque minuscule cube de sucre et de poisson-lune grillé réparti uniformément à travers le biscuit pour obtenir une pâtisserie dont

l'excellence du goût n'aurait rien à envier à **l'élégance** de son apparence.

Mais il est vrai aussi que j'ignorais si la **Société Minecraftienne Internationale de Pâtisserie** faisait preuve d'un goût aussi **exquis** qu'un chaton du Nether, et je me mis bientôt à douter qu'ils soient capables d'apprécier l'association **subtile** du poisson et du sucre.

En parlant de **Grizarre**.

(Euh... je n'étais pas en train de parler de lui. Bref.)

En tout cas, voici quelques dessins de **sa maison**.

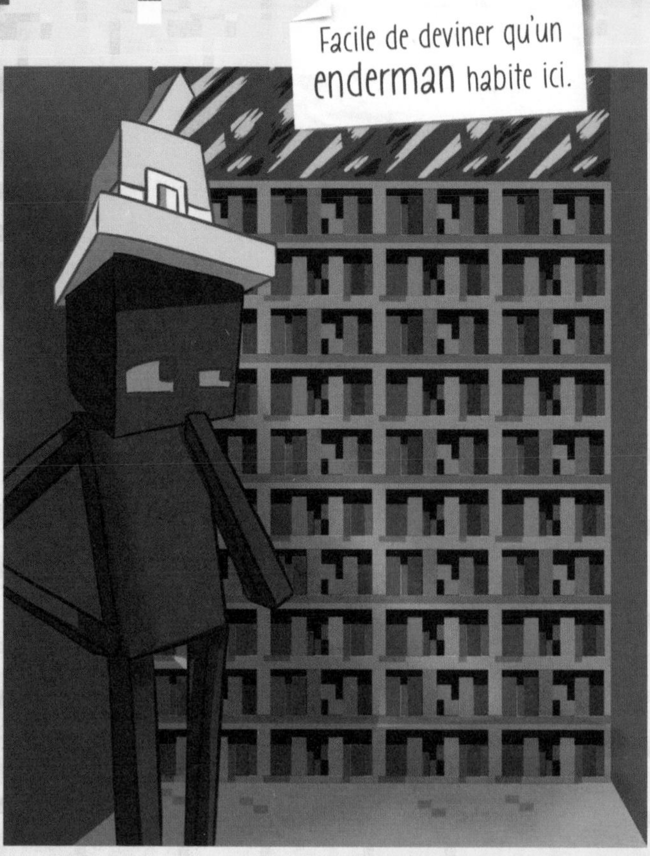
Facile de deviner qu'un enderman habite ici.

Voilà, j'ai fait visiter **la Ville des Gentils** Monstres à mes amis.

On n'a pas beaucoup **discuté**. Ils étaient aussi **silencieux** que moi.

C'est que tout ça est arrivé **tellement** vite. Il y a même pas une

semaine, on jouait à **cache-cache**. À présent, on ne ressemble en rien

à ce qu'on était avant, et on est censés **sauver** le monde.

Une heure plus tard environ, on est retournés voir l'enderman gris. Il

s'était **enfin calmé.**

— Désolé pour tout ça. Je n'arrivais juste pas à y croire. D'ailleurs, j'ai

toujours du mal. **La prophétie** est vraiment **vraie ?!** Cela veut dire...

que notre monde est à l'aube d'une **nouvelle Grande** Guerre.

— Que peut-on faire ? demandai-je, allant **droit au but.**

— **Hmm.** Essayons quelque chose d'abord. Les chatons, j'aimerais

que vous essayiez de vous concentrer sur le mot **« compétence ».** Ou

juste que vous **imaginiez** vos compétences, en général. Essayez de les

voir dans votre **esprit.**

Touffu réussit à **se concentrer** le premier. À peine quelques secondes

après que l'endermage eut fini de parler, un **écran gris** apparut devant

155

le chaton roux. L'écran était **complètement plat**, en deux dimensions, et semblait fait de **lumière colorée**.

– Ouah !

Miaou passa une patte **à travers** l'écran de Touffu. Elle le traversa sans effort.

– Qu'est-ce que c'est que **ce truc ?**

– Ces écrans sont des **enchantements visuels**, nous expliqua l'endermage. Ils servent à **interagir** avec des objets, ou votre **inventaire**. Ils peuvent aussi servir à simplement **projeter** des idées.

– Et que sont des **« compétences »** ? demanda Touffu.

– Tous les monstres ont des compétences, répondit Grizarre. Les creepers se déplacent **silencieusement**. Les endermen se **téléportent**. Les zombies **cassent** des trucs. Bien entendu, vous autres, chatons, avez plus de **compétences** que n'importe quel autre monstre.

J'ai essayé de me concentrer
sur le mot **« compétences »**.
Un écran est apparu devant moi aussi.

COMPÉTENCES

FOURRURE D'OBSIDIENNE
GRANDE INTELLIGENCE
FORCE DE COCHON-ZOMBIE
ASPECT DE L'ARAIGNÉE
BOULES DE FEU DE GHAST
FURTIVITÉ
AFFINITÉ POUR LE FEU
BÊTE DE MEUTE

L'enderman nous **expliqua** ensuite que nous pouvions **toucher** le nom d'une compétence sur l'écran, ou nous **concentrer dessus**, pour passer ensuite à **un second écran**. Ce nouvel écran nous en dirait plus sur les **spécificités** de la compétence.

Lorsque je posai ma patte sur « **Fourrure d'obsidienne** », les mots à l'écran **se changèrent** en :

COMPÉTENCES
FOURRURE D'OBSIDIENNE
NIVEAU : ■□□□□□□□□□
TYPE : MONSTRE, PASSIF

Votre fourrure est devenue
significativement plus dense et dure,
vous rendant plus résistant aux dégâts.
À chaque nouveau niveau de cette
compétence, votre armure augmentera
légèrement, et les dégâts des coups
critiques seront réduits de 5 %
(maximum 50 %).

— Si vous voulez revenir à **l'écran de départ**, reprit Grizarre, concentrez-vous simplement sur ce mot : **« Retour »**. Ou prononcez-le à **voix haute.**

J'optai pour la seconde option.

— Retour.

Je revins à l'écran de départ.

— Intéressant.

Touchant l'écran de sa patte, Miaou commença à **consulter** ses compétences.

Je fis de même et parcourus la liste et chaque **sous-menu**, en pensant « **Retour** » dans ma tête chaque fois que j'avais fini de lire. Voici **la liste complète** de mes compétences :

COMPÉTENCES
INTELLIGENCE SUPÉRIEURE

NIVEAU : ■■■■■■□□□□□
TYPE : MONSTRE, PASSIF

Cette compétence augmente votre INT ainsi que l'efficacité de votre IA dans de nombreux cas, comme l'orientation, le positionnement en combat, les cibles prioritaires, la préservation de la vie, l'utilisation des objets, l'utilisation des sorts, la communication, l'économie d'énergie, la mémoire et l'apprentissage adapté. Le temps de décision est aussi réduit légèrement à chaque niveau.

*(Je suppose que **INT** veut dire « **intelligence** » ? Aucune idée de ce que signifie **IA**, et Grizarre non plus.)*

COMPÉTENCES
FORCE DE
COCHON-ZOMBIE
NIVEAU : ■■■□□□□□□□
TYPE : MONSTRE, PASSIF, ACTIVÉ

Augmente la rapidité de mouvement de base, la rapidité à la course et à la nage. Vous pouvez de plus activer cette compétence pour contrer les effets de ralentissements pendant une courte période de temps (1 seconde/niveau), comme ceux causés par les toiles d'araignée ou le sort «sable des âmes».

COMPÉTENCES
ASPECT DE L'ARAIGNÉE
NIVEAU : ■□□□□□□□□□
TYPE : MONSTRE, PASSIF

Vous pouvez avancer verticalement vers le haut ou vers le bas le long des murs comme s'ils étaient des échelles.

COMPÉTENCES
BOULE DE FEU DE GHAST
NIVEAU : ■□□□□□□□□□
TYPE : MONSTRE, ACTIF
(ÉNERGIE 75)

Vous pouvez cracher du feu ! Chaque
niveau augmente les dégâts et la
vélocité de la boule de feu et réduit
le coût en énergie de 2.

COMPÉTENCES
FURTIVITÉ
NIVEAU : ■■□□□□□□□□
TYPE : MONSTRE, PASSIF

Vous bougez aussi furtivement qu'un
creeper. Quand vous restez immobile,
vous obtenez un effet de camouflage qui
augmentera avec les niveaux, conduisant
à l'invisibilité complète au plus haut
niveau.

COMPÉTENCES
AFFINITÉ DE FEU
NIVEAU : ■■■■■■■■■■■■
TYPE : MONSTRE, PASSIF

Vous maîtrisez cette compétence !
Vous êtes immunisé contre les effets
du feu et de la lave.

COMPÉTENCES
BÊTE DE MEUTE
NIVEAU : ■■□□□□□□□□
TYPE : MONSTRE, PASSIF

Vous gagnez un espace supplémentaire
dans votre inventaire à chaque niveau
de cette compétence.

L'endermage m'expliqua qu'**un niveau** était la mesure de **force** d'une compétence. Ce qui veut dire que la plupart de mes compétences sont **assez faibles**. Mais ça ne restera pas comme ça **très longtemps** !

– Au fait, l'**énergie** est **utilisée** par les compétences, ajouta l'enderman. Par **les sorts** aussi. Utiliser l'une de ces compétences ou jeter un sort **vide ta barre d'énergie**. C'est pour ça que Billy n'a pu lancer **qu'une seule** boule de feu hier, et seulement des nuages de fumée par la suite. L'énergie **se recharge doucement** avec le temps. C'est donc mieux de n'utiliser ses compétences qu'en cas de **nécessité absolue.** Comme la plupart des monstres, tu as un maximum de **100** énergie.

– Comment savoir combien d'énergie nous avons ? demanda Touffu.

– C'est **la barre jaune** dans votre ATH, ou Affichage Tête Haute. Concentrez-vous simplement sur le mot **« ATH »**, et cela apparaîtra en haut de votre **champ de vision**. Si vous êtes blessés, avez faim, êtes à court d'énergie ou gênés de quelque façon, votre ATH s'affichera **automatiquement** pour vous servir de rappel, jusqu'à ce que votre condition **s'améliore.**

OK, essayons : ATH.

Immédiatement, tout un **tas de trucs** apparurent dans mon champ de vision, tout comme l'avait décrit l'enderman.

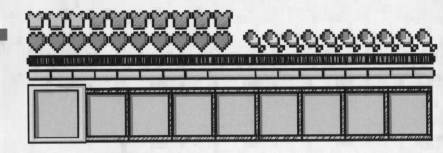

— Les cœurs mesurent votre **force vitale**, continua Grizarre. Chaque cœur représente **deux points de dégâts**. Au fait, juste par curiosité, combien de cœurs avez-vous ?

Nous avons tous répondu en chœur :

— **Dix !**

— Cela vous fait donc **20 points de dégâts**. Ce n'est **pas énorme**. Mais vous en gagnerez bien plus en **montant en puissance**.

— Qu'est-ce que c'est que ces sortes de **t-shirts gris** ? demandai-je, essayant de ne pas penser à ce qui m'arriverait si tous mes cœurs **disparaissaient**.

— C'est un indicateur visuel de votre **protection**, autrement dit votre **armure**. Plus vous avez d'armures, **moins** vous subirez de dégâts. Toutefois, certains types de dégâts peuvent contourner l'armure.

— Et **les boîtes ?**

– C'est votre **barre d'accès rapide**. Vous pouvez garder des objets sur vous, par exemple à l'aide d'une **ceinture**, ou encore dans un espace de votre **inventaire** facile d'accès. Ainsi, vous pourrez utiliser ces objets plus **rapidement**.

Les trois chatons échangèrent un regard.

– Inventaire ?

L'enderman leur expliqua alors que tout le monde possède un **« espace extradimensionnel »** permettant de transporter des objets. Il suffit de penser au mot **« inventaire »** pour que l'écran apparaisse. Ça devait être de cette façon que Tadoss avait fait apparaître de nulle part **la pierre de parlotte**, pensais-je. En accédant à son inventaire.

– Vos inventaires sont **assez petits** pour le moment, dit Grizarre. Vous pouvez en augmenter le contenant en portant des **accessoires**, **une bourse** à la ceinture par exemple. Il existe même des accessoires **magiques** capables d'augmenter **drastiquement** le nombre d'espaces dans votre inventaire. Malheureusement, qu'ils soient magiques ou non, ces accessoires ne seront **pas faciles** à porter pour vous, chatons. Ils n'ont pas été élaborés pour des animaux. Si vous avez l'intention de transporter beaucoup d'objets, le meilleur moyen de résoudre ce problème serait d'augmenter votre compétence **« bête de meute »**.

Touffu avait l'air **désemparé**.

– Euh… vous pouvez répéter ça ? Je suis **complètement** perdu.

– **Pareil**, dis-je. Je suppose que ça veut dire qu'on a **sérieusement** besoin d'**améliorer** notre compétence « **intelligence supérieure** », pas vrai ?

Après avoir fait **joujou** pendant un moment avec **nos écrans magiques**, une question me vint à l'esprit.

— Mais au fait, comment on fait pour **devenir plus forts**, au juste ? Et comment obtient-on **des niveaux** pour nos compétences ?

L'enderman me regarda **bizarrement**. Bon, en vrai, toutes ses expressions sont bizarres, mais celle-là, c'était comme si je venais juste de demander pourquoi les cochons-zombies sont tous violets et ont **un cône de glace** à la place de la tête.

— En faisant **ton boulot**, me répondit-il.

— Et ça veut dire...

— En réduisant **les larbins d'Herobrine** et d'**Endernova** en nuages de fumée. Chaque fois que tu en **vaincs** un, tu absorbes une partie de **ses pouvoirs**. Bien sûr, tu deviendras aussi plus fort en partant **en quête**.

En quête... ?

Avant que qui que ce soit eût le temps de poser la question, **des écrans** apparurent en face de nous.

Comme pour les écrans de compétences, il suffisait de penser au mot « **quête** » pour faire apparaître ce qu'on pourrait appeler un « **écran de quête** ».

QUÊTE EN COURS:
SERVIR VOS MAÎTRES

Votre destinée vous attend !
Mettez-vous en route, chaton du Nether,
et trouvez le villageois que vous
devez servir !

Malheureusement, Touffu et Miaou avaient des messages différents sur leurs écrans de quête.

QUÊTE EN COURS:
ATTAQUE SURPRISE!

Vous devez demeurer dans la cité
de Lavacrest. Là, vous améliorerez vos
compétences et prendrez part au siège
de la forteresse du Nether !

— Mais qu'est-ce que tout ça veut dire ?! s'exclama Touffu. C'est trop **bizarre** !

— Je suis d'accord, dit Miaou. J'y comprends **tellement rien** que je pourrais me mettre à **griffer**. C'est vraiment pas juste. On a été élus pour **sauver le monde**, et voilà qu'on nous jette toutes ces responsabilités dessus sans même avoir le temps de suivre des cours ou je ne sais quoi pour **se préparer** !

— Il est vrai que tout cela semble **beaucoup** pour des chatons comme vous, approuva Grizarre. C'est un bien **lourd fardeau**. Je fais ce que je peux pour vous **préparer**, mais il y a beaucoup de choses que je ne sais pas moi-même. Billy, je te conseille de retourner dans **l'Overworld** dès que possible. Une fois là-bas, le premier endroit où tu devrais te rendre est **la capitale**. Demande où se trouve la **bibliothèque**. L'un de **mes collègues** s'y trouve, et il connaît bien mieux **la prophétie** que moi. Il devrait pouvoir t'aider à localiser ce **villageois**.

J'essayais dans ma tête de rassembler **les pièces du puzzle**.

1. Nous sommes censés aider à combattre **Celui Sans Yeux**, autrement connu sous le nom **d'Herobrine**.

2. On nous a accordé des **« compétences »**, et nous avons ces trucs, des tâches à compléter, qui s'appellent des **« quêtes »**.

3. Ma première quête est de rencontrer ce **villageois**. Un villageois dont je ne sais rien. Est-ce un garçon ou une fille ? Quel est **son nom ?** Pourquoi est-ce que je dois servir ce villageois, en plus ? Qu'est-ce que je suis moi ? **Un chaton de compagnie** peut-être ? Je pensais que **mon rôle** dans toute cette histoire serait un petit peu plus classe que ça.

— Mes amis doivent vraiment **rester ici ?** demandai-je.

— Je le crois. Vos quêtes vous ont été **attribuées** par les **Immortels** eux-mêmes. Il serait sage de les **respecter**.

— **C'est pas juste !** s'écria Miaou. Je n'ai plus envie de rester ici.

— **Tu veux rire !** lui dit Touffu. On peut en apprendre plus sur **nos pouvoirs !** Tu trouves pas ça **cool ?** Et puis tu veux pas aider à sauver le monde ?

— **Si**, mais c'est juste que... ma famille **me manque** déjà.

— Au moins, vous n'avez pas à vous rendre dans l'Overworld tout seuls, dis-je. **Sous cette apparence.**

Je me tournai vers l'endermage.

— Et Clyde ? Il ne pourrait pas **venir avec moi ?**

L'endermage détourna les yeux.

— Eh bien... **Hum...** Ça ne figure pas vraiment dans **la prophétie.**
De plus, je ne suis pas certain qu'un ghast pourrait **survivre** dans
l'Overworld pendant très longtemps.

Et mince.

Je n'avais plus envie d'être **un héros. Pas sans lui.**

Comment pourrais-je laisser **mon meilleur copain ?** Je venais
juste de le retrouver !

— Il doit exister **un moyen.** J'ai vraiment envie que Clyde vienne avec
moi. Il est **si malin.** En plus, je suis sûr qu'il en aura envie, lui aussi.

— Ça dépend de lui, dit Grizarre. Je préfère te mettre en garde qu'une
exposition constante au soleil pourrait l'affaiblir, et peut-être
même **le tuer.**

— Il a peut-être **raison,** intervint Miaou. Une fois dans l'Overworld,
tu vas déjà assez **effrayer** les gens comme ça. Un énorme ghast
flottant derrière toi ne va pas **améliorer** les choses.

*Comment va réagir Clyde quand je lui aurai dit qu'il ne peut **pas venir**
avec moi ? pensai-je.*

*C'est peut-être **mieux** comme ça. Les sorcières semblent **apprécier** les
larmes de ghast. Alors, une fois que j'aurai dit à Clyde qu'il ne peut
pas venir avec moi, leurs inventaires vont probablement **exploser.***

171

— Il y a autre chose que j'aimerais **essayer**, dit l'enderman.
Suivez-moi.

À notre plus **grande stupeur**, Grizarre pivota alors sur lui-même...
et passa **à travers** le mur du fond de sa maison !

« Allez !! Restez pas
plantés là !! »

Touffu et Miaou n'avaient pas **la moindre idée** de ce qui se passait.
Mais j'avais entendu parler des **« blocs d'ombre »** et je me suis
rappelé qu'il était possible de passer **à travers**. En d'autres mots,
l'endermage nous emmenait maintenant dans **sa pièce secrète**.

Bon, je n'avais jamais rencontré de **sorcier** avant. Jusque-là, j'ignorais même que la plupart des sorciers avaient des sortes de « pièces secrètes », et je me doutais même encore moins à quel point une pièce secrète pouvait **être cool**. J'ai vu plein de nouveaux trucs aujourd'hui et j'ai appris plein de nouveaux mots.

Des mots comme **« paillasse à potions »**. Ou **« enclume »**. Ou encore **« atelier »**, ou **« table d'enchantement »**.

Ou « chambre de runes ».

– Ceci est **une chambre de runes**, dit l'enderman. Vous savez à quoi ça sert ?

Je regardai **la gigantesque boîte argentée**. Même si elle n'était pas si effrayante en soi, elle me faisait **peur** quand même.

– **Euuuh...** non.

Touffu n'avait pas peur, lui. Il fila immédiatement à l'intérieur.

– Est-ce que c'est comme **une maison ?** demanda-t-il en reniflant le métal argenté.

Miaou se précipita à l'intérieur, elle aussi.

– **Ouaouh !** s'exclama-t-elle en levant ses deux pattes avant, comme si le métal argenté *(du « fer », comme je l'appris ensuite)* était **douloureux** au toucher.

Elle sortit de la boîte aussi rapidement qu'elle y était rentrée.

– C'est **glacial** là-dedans !

– En effet, dit l'endermage. Cet endroit contient la forme de magie **la plus puissante**. Seuls **trois sorciers** dans tout **Minecraftia** savent comment **concevoir** ce genre d'appareil.

– À quoi ça sert ? demandai-je.

– À vous rendre **plus forts.** Plus forts que vous ne l'êtes déjà, j'entends.

Plus fort que je ne le suis maintenant ? Même si je ne savais pas comment ça pourrait nous rendre plus fort, l'idée semblait **géniale**. Y a-t-il un **inconvénient** à avoir plus de super-pouvoirs ? **En gros, non.**

– Une chambre de runes peut enchanter de façon **permanente** un animal ou un monstre, continua Grizarre. Elle peut lui apporter plus de **force**, plus de **défense**, etc.

– Qu'est-ce que c'est **« enchanter »** ? demanda Miaou.

L'enderman secoua la tête.

– Excusez-moi, **« enchanter »** ne marche que pour les objets. Le terme technique est **« améliorer »**. Une chambre de runes peut être utilisée pour vous **améliorer**. Mais continuons d'appeler ça un enchantement pour simplifier les choses.

Touffu sortit de la chambre de runes en **tremblotant**.

– D-donc, ça v-vous rend p-plus **puissant** ?

– Oui. Et j'aimerais voir si cela peut marcher sur les **Animaux Élus**.

Les yeux de Grizarre se mirent à **briller** tandis qu'il nous regardait.

– L'un de vous serait-il prêt à me servir de... **cobaye** ?

Trois petites pattes se dressèrent dans les airs au même moment.

– Moi !

– Moi !

– Moi !

Touffu se dirigea de nouveau vers la chambre, mais Miaou l'attrapa par la queue.

– Je l'ai dit **en premier !** feula-t-elle.

– M'en fiche de toute façon, grommela Touffu. Te **gèle** pas les pattes, hein ?

La chatte blanche du Nether se faufila dans la chambre de runes avec un petit sourire de satisfaction.

– Combien de temps je dois attendre ici ? demanda-t-elle.

– **Pas longtemps.**

Au moment précis où l'enderman prononçait ces mots, **une fenêtre grise** s'ouvrit en face de lui. Elle contenait beaucoup de cadres. L'un des cadres affichait **une image de Miaou.**

Il plaça **un cube bleu** dans l'un des cadres.

– Cela s'appelle un **lapis-lazuli**, expliqua-t-il. On les utilise pour ce genre de choses.

Le cube disparut et une image aplatie du cube apparut dans le cadre à la place.

– C'est presque **terminé.** L'opération ne devrait durer que quelques secondes.

Soudain, **une foudroyante lumière blanche** provint de la chambre. Miaou poussa le plus assourdissant et le plus terrifiant des miaulements avant de bondir en dehors.

– Mriiiia**aaaa**ooooo ! C'était quoi ça ?!

Grizarre **sourit**.

– C'était toi qui te faisais **enchanter**.

– **Vraiment ?** Je ne me sens pas différente du tout.

Un écran apparut devant elle l'instant suivant.

AMÉLIORATION:
TOUR I
TYPE : CHAMBRE
DE RUNES, PERMANENT

Vos griffes ont été renforcées grâce au pouvoir des runes. Vos attaques infligent 10 % de dégâts supplémentaires.

– Regarde, dit Touffu. **Tes griffes sont violettes** maintenant.

Miaou tendit l'une de ses pattes. En effet, ses griffes noires avaient maintenant une sorte de **scintillement violet**, dans le genre des livres que nous avait montrés **Rarg** un peu plus tôt.

177

Il y avait des sortes de **petites formes bizarres**, un peu comme des lettres, à la surface des griffes. Elles étaient aussi violettes et **brillaient** légèrement plus fort que le reste.

— Ça veut dire que je peux faire **plus de dégâts ?** demanda-t-elle.

— **Un peu**, répondit Grizarre. Le **tour I** n'est pas encore très puissant. Malheureusement, tu n'es pas encore assez forte pour que l'on puisse faire mieux.

Grizarre se tourna de nouveau vers la chambre.
— Bon. À qui le tour ?

(10 minutes plus tard...)

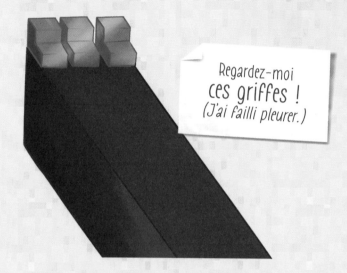

Regardez-moi
ces griffes !
(J'ai failli pleurer.)

Voilà, j'ai été amélioré grâce au tour I.
Chaque petit effort compte, pas vrai ?

Ça fait un peu **« fille »** d'avoir des griffes violettes, mais bon. Je m'en
fiche si ma fourrure tout entière doit passer au rose, du moment que
je n'ai **plus jamais à fuir** les loups.

On a passé tout le reste de la journée à **s'entraîner**. Après que Touffu
et Miaou ont réussi à **cracher** eux aussi des boules de feu, on s'est

faufilés **silencieusement** à travers du sable des âmes comme des **creepers**, on a **escaladé** des murs de roche du Nether comme des **araignées**, **couru** comme des **cochons-zombies**, placé quelques objets dans nos inventaires, puis **nagé** dans ce truc de feu orangé, **euh...** dans la lave, pendant une heure...

Il y a un énorme lac rempli de ce truc au centre de la cité. Les monstres y vont souvent nager. Ils appellent ça une **« piscine »**.

Et aujourd'hui, il y avait plus d'une centaine de monstres à la piscine de lave, **à faire la fête.**

Nager dans la lave était **si effrayant** au début ! Ça m'a pris dix minutes avant de **réussir** à y tremper une patte. Mais ça n'a pas fait mal, et ça ne m'a **pas brûlé**. Pour moi, maintenant, la lave, c'est pas plus que de l'eau chaude.

(Je n'ai pas essayé d'en boire encore. C'est sur ma liste de trucs à faire absolument.)

Au fait, Tadoss est **immunisé** contre la lave lui aussi ! Je n'avais même pas besoin de le sauver ! Mais il a **super-peur** de nager... Grizarre a même dû le **pousser** dedans.

Clyde a nagé lui aussi.

Ouais, je lui ai **pas dit encore**. J'arrête pas de réfléchir à comment je peux faire pour le lui dire sans **le blesser**.

Je sais qu'il va vouloir venir avec moi, et je **voudrais** qu'il vienne aussi, mais... je ne veux pas qu'il soit **blessé**. Je me souviens de ce que **le soleil** avait fait aux wither-squelettes et aux blazes. Peut-être que Clyde pourrait porter **un casque ?** Non, probablement pas. Grizarre a **deviné** à quoi je pensais. Il est venu vers moi.

— Tu es toujours en train de penser à **ton ami**, Billy ?

— **Oui.** Il va me manquer. Ils vont **tous** me manquer. Même toi, tu vas me manquer. **Merci** de nous avoir entraînés.

— Je suis **content** d'avoir pu aider, répondit l'enderman. Écoute. Il y a **un moyen** pour que ton ami Clyde vienne avec toi.

— **C'est vrai ?**

L'enderman hocha la tête.

— L'une des **améliorations** possibles grâce à la chambre de runes est la **protection au soleil**. Et si on allait lui poser la question ?

— **D'accord**, dis-je. Mais je veux que ce soit **sa** décision.

— **Bien sûr.** Il y a aussi quelque chose dont tu auras besoin pour ton retour dans l'Overworld.

— C'est quoi ?

— Je te montrerai demain. **Je pense que ça va te plaire.**

Le lendemain matin, je tenais entre mes pattes l'une de ces bouteilles, une **« potion »**.

— C'est **une potion de camouflage**, me dit Grizarre. Spécial villageois. Tu n'as qu'à la boire pour **avoir l'air** d'être un villageois parfaitement **normal**.

Clyde fixa le **liquide rouge** dans la bouteille.

— Est-ce que Billy sera **toujours capable** d'utiliser ses compétences avec ça ?

— Oui. Le **camouflage** n'est qu'une **illusion**. Quelle que soit la forme que tu prends, tu seras toujours capable de tout faire pareil qu'avant. Allez, Billy. **N'aie pas peur. Bois.**

— D'ac, dis-je. **Et hop !**

Je descendis le contenu de la bouteille. Ça avait le goût *(beurk)* d'herbe mélangée au gravier *(ne me demandez pas comment je sais quel goût ça a)*.

Une **fumée blanche** apparut tout autour de moi. Mes amis poussèrent des exclamations de **surprise** et je baissai les yeux pour découvrir non pas une fourrure bleu nuit, mais **une peau pâle** vêtue de brun. L'endermage eut un petit sourire.

— Évidemment, il va falloir que tu t'entraînes à marcher sur **tes pattes arrière.**

— D'accord.

J'ai essayé de me **redresser**, mais je suis retombé sur mes pattes.

Miaou se tordait de rire au sol.

— Ah ! **Ah ! Ah...** C'est juste... **Ouah,** je peux même pas...

Assez rapidement toutefois, ce qui avait l'air d'un villageois parfaitement **normal** *(moi)* put se tenir debout devant tout le monde. Même si je **vacillais** encore un peu sur mes pieds.

— La potion a une durée d'**une heure**, dit l'endermage. Je vais t'en préparer tout **un tas.** Assure-toi d'en boire une juste avant de rentrer dans chaque nouvelle ville. Et si tu dois y rester **un peu plus longtemps**, bois-en une autre avant que les effets ne s'estompent.

— Comment je saurai combien de temps il me reste ? demandai-je.

— Tu vois **cette icône** dans le coin inférieur gauche de ta vision ?

— **Pigé.** Et Clyde alors ?

— **Quoi moi ?** dit Clyde.

— Oh **non**, dit Tadoss en baissant la tête. Les gars, vous lui avez toujours rien dit ?

— Eh bien, **euuuh...**

Le ghast renifla.

– **Me dire quoi**, Billy ?

– Je pars pour l'Overworld, répondis-je. Ça fait partie de **ma quête.**

Une larme roula le long de la joue du ghast.

– **Je vois.** Alors, tu pars pour toujours ?

– **Pas moyen**, dis-je. Allez, Clyde. Bien sûr que je vais revenir. Le Nether est autant **ma maison** que l'Overworld à présent.

– **Très bien.** J'imagine qu'il n'y a aucune raison d'être triste alors, hein ?

– Si tu veux, tu pourrais **venir avec moi.**

– Je peux ? **Comment ?**

L'endermage intervint pour expliquer comment il était possible de le **protéger** de la lumière du soleil.

– Ça ne va pas **t'immuniser** complètement. Mais tu **survivras.**

– C'est ton choix, lui dis-je. Tu dois **décider** toi-même.

– Dans ce cas, **je reste**, dit Clyde. Tu connais l'Overworld, toi. C'est mieux pour toi que tu y ailles **seul.** Je vais rester ici et **aider** à protéger la cité au cas où Endernova nous trouverait.

Rrrr**ON**rrron.

Ça a été bien **plus simple** que ce à quoi je m'attendais.

Et Clyde avait raison. Il serait bien **plus utile** ici.

184

— Tu en es sûr ? demandai-je.

— **Carrément**. Je sais qu'on se reverra.

Et le ghast a souri. Je veux dire : il a **vraiment** souri. C'était comme de voir pousser **une fleur dans le Nether**.

J'acquiesçai.

— C'est clair, on se <u>**reverra**</u>.

Ainsi, il semblait que j'étais **enfin prêt**
à m'aventurer dans **l'Overworld.**

Avec l'aide de **Rarg**, les monstres d'ici vont chercher à **recruter** ceux de la forteresse du Nether et tenter de **vaincre** Endernova.

J'aimerais aider, c'est clair, mais **ma destinée** est différente. Grizarre a tout de même **suggéré** que nos monstres pourraient s'allier avec les villageois de l'Overworld. Ensemble, nous pourrions nous **débarrasser** d'Endernova, puis nous occuper **d'Herobrine** ensuite.

— Ça dépend vraiment de si des gens de l'Overworld veulent bien aider, dit Tadoss. Ça me paraît **improbable**. Mais bon, c'est vrai que les villageois **à qui j'ai parlé** sont différents des villageois normaux.

— **En quoi ?** demanda Grizarre.

— Apparemment, ils **s'entraînent** pour être des **guerriers**. Ils savent se battre à l'épée, en tout cas. Je crois même qu'ils ont aidé à repousser **plusieurs grosses** attaques.

— Des attaques **coordonnées ?**

Tadoss haussa les épaules.

— Si ton **petit cristal** a fonctionné **correctement**, oui. Les troupes de monstres travaillaient clairement ensemble.

— Cela signifie que **Celui Sans Yeux** a déjà commencé à former son armée, dit l'endermage d'un air songeur. **C'est sans surprise.** Nous savons déjà que la prophétie dit vrai. **La Grande Guerre** va bientôt commencer.

— Tu penses qu'il est possible que l'un de ces villageois soit **celui dont parle le livre ?** demanda Tadoss.

— Peut-être. Peut-être même était-ce **la raison** pour laquelle tu as été capable de parler avec eux.

— Mais pourquoi **deux**, au juste ? Je croyais qu'il n'y avait qu'un seul **Villageois Élu ?** Enfin, non en fait. **Trois.** J'ai parlé à un troisième villageois, une fois. C'était quoi son nom déjà ? **Pierre ?**

— Je ne connais pas la réponse à cette question, dit l'enderman. En fait, il y a tant de choses que **j'ignore.** Le livre que je possède est **incomplet.** De nombreuses pages ont été arrachées.

— Encore un truc, dit Tadoss. Est-ce que **Celui Sans Yeux** connaît l'existence des **pierres de parlotte ?**

— Je n'en suis pas certain, répondit l'endermage. Pourquoi cette question ?

— Parce que ce troisième villageois, Pierre, m'a dit que **Celui Sans Yeux** lui parlait dans **ses rêves**. Qu'il lui disait que **Minus** était un espion. **Un traître.** Il est apparu dans les rêves de Pierre au moins **une dizaine de fois.**

— Pourquoi **Herobr...** je veux dire **Celui Sans Yeux...** serait si intéressé par leur village ?

Le wither squelette haussa encore une fois les épaules.

— **Aucune idée.** Ma seule supposition serait qu'il est aussi au courant à propos de **la prophétie** et qu'il a découvert l'identité des **Villageois Élus.**

— Oui, je suppose que tu as raison. **Hmm.**

Un « villageois », deux chatons et un ghast restaient immobiles et sans rien dire pendant que Tadoss et Grizarre essayaient de percer à jour toutes **ces énigmes.**

Tadoss a l'air d'être au courant d'un tas de choses, pensais-je. Et il est tout le temps en train de parler avec Grizarre. Il doit être vraiment important.

Tandis que je **tendais l'oreille**, je me rendis soudain compte de quelque chose.

Si ce que dit Tadoss est vrai, alors l'un des villageois avec lesquels il a parlé est **celui même** que je dois trouver.

Alizée. **Minus**. **Pierre**. J'écris ces noms ici pour m'en rappeler. Je ferais bien d'essayer de **les localiser** dans l'Overworld dès que possible. **C'est ma quête**, après tout.

— J'ai **une question**, dis-je.

L'endermage se tourna vers moi.

— Qu'y a-t-il, Billy ?

— Eh bien, tu m'as dit de partir pour **la capitale** dès que j'arrive dans l'Overworld. Mais je suis censé retrouver ce villageois, **pas vrai ?** Et s'il ne se trouve pas dans la capitale ?

— **Hmm.** Tadoss, tu te souviens avoir vu des bâtiments quand tu utilisais la pierre de parlotte ?

— Quelques fois, répondit le squelette. Une fois, **Minus** a fait un cauchemar. Son village **était envahi**.

— Il est donc dans **un village**, alors ?

— Je pense que **oui**.

— As-tu vu des bâtiments faits de **quartz ou de glaise ?**

— Aucun. Seulement du **bois** et des **briques**. Il y avait un grand mur, au loin. Tout le village était entouré d'un **mur de briques**.

— **Intéressant**, dit l'endermage en fermant les yeux. Ça fait plus penser à une ville qu'à un village. Tu es sûr que c'étaient bien des **villageois ?**

— Hé, j'en suis sûr, répondit Tadoss. **Minus** et **Pierre** avaient tous les deux les **cheveux rasés** et un **grand nez**, et la fille avait les **cheveux super longs** et un **petit nez**. Ça te fait pas penser à des villageois, peut-être ?

— **Évidemment.** C'est juste que je n'avais jamais entendu parler d'un village **entouré d'un mur** auparavant.

— Peut-être qu'ils sont **plus malins** que des villageois normaux ?

— Peut-être. **Hmm. Des guerriers**, as-tu dit. Des guerriers en apprentissage. Pourquoi cela sonne-t-il **si familier ?**

— Pareil pour moi, dit Tadoss. Attends une seconde. Y avait pas un village dans l'est qui était comme ça ? Des gars **super sérieux.** Les gamins commençaient à s'entraîner au combat dès l'âge de **six ans.**

— Ça me fait penser à **Ruissombre.** Un village de fiers guerriers. **Hmm.** Tadoss, viens avec moi à la bibliothèque. Nous avons des recherches à faire.

L'endermage se tourna vers moi.

— J'aurai bientôt **une réponse** pour toi, Billy. Va te reposer pour le moment. Profite de **tes amis.** À partir de demain, **tu n'en auras plus le temps.**

J'ai enfin trouvé **Rarg**. Il était au centre de la cité, au bord de la piscine de lave, **les yeux dans le vide.**

— Hé, Rarg !

— **Sa-lut**. Moi ami. Moi vouloir dire encore **merci**.

— Pas de problème. Je savais que t'étais un gars **bien**. Je suis content que tu sois **avec nous** maintenant.

— Moi aussi. **Patron dingue**. Mais **patron** maintenant-**maintenant** pas patron à moi. Maintenant-maintenant patron à moi grand **bonhomme gris** qui clignote. Grand bonhomme gris qui clignote pas dire-**colère**. Pas dire moi chose noire qui **couine**.

Euh... De quoi il parle ?

Oh ! Il dit qu'Endernova n'est **plus son chef***. Maintenant, il obéit au endermage. Il préfère, parce que Grizarre* **ne le menace pas** *de le* **transformer** *en chauve-souris.*

Je suppose que **« dire-colère »** *veut dire* **« crier »***. Et* **« clignote »** *doit signifier* **« téléporter »***...*

Pourquoi **« maintenant-maintenant »** *par contre ? Pourquoi c'est* **répété ?** *Et pourquoi les cochons-zombies parlent-ils si bizarrement ?!*

191

— **Oui**, répondis-je. Grand **bonhomme gris** qui clignote pas
dire-colère toi. Mais dire-colère moi, dire moi pas savoir **cracher feu**.
Mais grand bonhomme gris qui clignote **gentil**. La plupart du temps.

— Lui **intelligent** aussi.

— Oui.

— Toi. **Nom**. Bill... **bu** ?

— **Billy**.

— Bill... **bi** ?

— Pas loin.

— **Billbi** ? Moi veux savoir.

*Il veut me poser une question ? **Hmm**, je m'améliore !*

— Toi veux savoir **quoi** ?

— Toi partir ? Partir **où-où** ?

— Je partir **grande lumière**.

Je lui montrai de la patte **le plafond caverneux** loin au-dessus de nos têtes.

— Grand bleu. **Carré jaune**. Toi savoir ?

— Moi savoir. Moi pas aimer grand bleu. Grand bleu **faire peur**.

Et moi yeux faire mal quand regarde grand carré jaune. **Billbi** ? Moi
veux savoir aussi.

— **Ouais** ?

– Toi. **Pas sentir vrai ?**

– Quoi veut dire moi **pas sentir vrai ?**

– Pas savoir. Pas savoir. Moi pas savoir **comment dire.**

– Quoi veut dire toi pas savoir comment dire ? **Moi pas savoir.**

– Moi penser des fois **moi pas vrai.** Pas savoir comment dire. Mais moi **pas-pas sentir vrai.** Toi ?

*Il dit qu'il ne se sent **pas réel ?** Qu'est-ce qu'il veut dire par là ? Pour dire vrai, parfois, ça m'arrive de **me sentir un peu pareil...** J'avais juste supposé que c'était à cause de tout ce **stress**, dernièrement.*

– **Des fois**, je répondis. Oui. Moi aussi pas-pas sentir vrai.

– Pourquoi toi pas-pas sentir vrai ?

– Moi **pas savoir.**

– Moi aussi pas savoir.

Rarg tenait un poisson dans sa main. Je n'avais jamais vu ce genre de poisson. Il était de **couleur rouge foncé.**

– Moi utiliser **bâton-ficelle.** Moi savoir utiliser **bâton-ficelle.** Bâton-ficelle attraper rouge nage-nage. **Toi vouloir manger ?**

– Moi pas vouloir manger. Moi manger déjà, toi pas manger.

– **Non**. Moi beaucoup rouges nage-nage.

– D'accord.

Il me tendit le poisson rouge et je **mordis** dedans. C'était le meilleur poisson que j'avais jamais mangé.

Il en retira un autre de **son inventaire** et le dévora en quelques secondes. Il me sourit.

— **Hi ! Hi !** Toi aimer ?

— C'est **délicieux**, dis-je en prenant une autre bouchée.

— **Délici... ?**

Il ne réussit pas à finir le mot.

— Moi penser nage-nage **miam-miam.**

Hé, **attendez une minute !** Où il a bien pu attraper ces poissons ? Il n'y a **pas d'eau dans le Nether !**

— Rarg, où as-tu **trouvé** les rouges nage-nage ?

Il désigna la piscine de lave.

— Là-là. **Eau de feu orange.**

Sérieux ? Il a attrapé un poisson dans de la lave ? Ça existe d'abord, les **poissons de lave ?!**

— **Comment** toi attraper ? Toi peux montrer moi **bâton-ficelle** maintenant-maintenant ?

— OK.

Rarg fit apparaître **un objet étrange** de son inventaire. Ça ressemblait à un bâton de bois avec **un fil d'araignée** qui pendait à un bout. Au bout du fil était accroché quelque chose que je ne connaissais pas.

– **Toi veux essayer ?** Moi essayer maintenant-maintenant. Toi regarder. **Moi essayer. OK ?**

– **OK.**

Pendant toute l'heure suivante, Rarg me montra **comment pêcher.** Nous les chats, d'habitude **on plonge** juste dans l'eau pour attraper du poisson. Mais je devais bien avouer que **ce truc avec la ficelle** simplifiait **carrément** les choses.

Il n'empêche que c'était quand même **assez difficile** pour moi à utiliser, parce qu'il fallait que je me tienne sur **mes pattes arrière.** Et Rarg ne **mentait pas.** Je finis par attraper un **poisson de lave,** à ma grande **surprise.**

À la base, je voulais **discuter** avec Rarg pour voir si peut-être Tadoss avait eu raison en l'accusant d'être **un espion.** Mais tandis qu'on se tenait là, au bord de la piscine, à **déguster** nos poissons de lave en silence, je compris qu'il était **tout aussi innocent** que moi, un **simple pion** dans ce qui semblait être de plus en plus **un jeu étrange.**

Je me suis **roulé en boule** à côté de mes amis, sur le tapis de la maison de l'endermage.

Pourtant, je ne pouvais toujours pas **dormir**. Je n'arrêtais pas de réfléchir à tout un tas de trucs. À **la guerre** à venir. À mes compétences et à **ma quête**. En plus, j'entendais les voix de Grizarre et Tadoss, même si je ne pouvais **discerner** ce qu'ils disaient.

Ils se trouvaient dans **la pièce secrète**, je suppose.

Finalement, je me levai de nouveau et m'approchai de **l'énorme bibliothèque**. Je jetai un coup d'œil aux livres qui se trouvaient sur l'étagère du bas. Cette section portait la mention **« Bazar »**.

Je compris pourquoi après avoir **feuilleté** quelques livres.

JOURNALE D'UN ENDEROEUF PAS CONTENT
VOLUME 2252557

YO. CET HEROBRINE M'A MIS SUPER EN COLÈRE. ALORS, AUJOURD'HUI, JE LUI AI DIT: «HEROBRINE, TU ME METS SUPER EN COLÈRE.» APRÈS, J'AI PLACÉ UN BLOC D'HERBE À CÔTÉ. POURQUOI? J'SÉ PAS. J'L'AI FÉ, C'EST TOU. APRÈS, J'AI MANGÉ UNE POMME.

FIN

QUE SE PASSERA-T-IL ENSUITE DANS LE PROCHAIN VOLUME NO 2252558 DU JOURNAL D'UN ENDEROEUF PAS CONTENT?!?!?!? ENDEROEUF PAS CONTENT VA-T-IL MANGER UN STEAK?

VA-T-IL MANGER UN STEAK?!?!?

Je ne saurais pas trop **expliquer** pourquoi, mais j'eus envie de jeter
un œil au **Journal d'un bloc d'herbe de Minecraft**.

L'introduction commençait ainsi :

*Il y avait autrefois un bloc d'herbe de Minecraft qui s'appelait Bloc d'herbe
de Minecraft. Bloc d'herbe de Minecraft aimait les mêmes choses que tous
les enfants blocs d'herbe de Minecraft. Bloc d'herbe de Minecraft voulait
apprendre à devenir un meilleur bloc d'herbe de Minecraft, mais comment
Bloc d'herbe de Minecraft pouvait-il devenir un meilleur bloc d'herbe de
Minecraft que tous les autres blocs d'herbe de Minecraft qui eux aussi*

197

espéraient devenir de meilleurs blocs d'herbe de Minecraft, ou au moins de meilleurs blocs d'herbe de Minecraft que le bloc d'herbe de Minecraft qu'était Bloc d'herbe de Minecraft ?

Tournez la page et suivez les aventures de Bloc d'herbe de Minecraft, dans ce Journal d'un bloc d'herbe de Minecraft de 12 ans du nom de Bloc d'herbe de Minecraft, un jeune bloc d'herbe de Minecraft qui rêve de devenir un véritable bloc d'herbe de Minecraft, ou tout du moins un meilleur bloc d'herbe de Minecraft que tous les autres blocs d'herbe de Minecraft.

Ouah !

Je n'ai eu aucun problème
pour m'endormir après ça.

Le lendemain, je fis **mes adieux**. À Touffu et à Miaou. À Clyde,
Grizarre et Tadoss.

Grizarre me donna d'autres **potions de camouflage** ainsi qu'un
objet appelé **« boussole »**.

— Rappelle-toi que tu dois te **diriger vers l'est.**

Tadoss me tendit **une pierre de parlotte.**

— Peut-être que tu finiras par réussir à les contacter. **Qui sait ?**

Clyde **pleurait**. Miaou était à deux doigts de faire de même, et Touffu
essayait de se montrer **fort** :

— Tu vas me manquer, mec. **Fais attention** à toi, d'ac ?

— Tu me connais.

— Au revoir, Billy, dit Clyde. Merci de **m'avoir trouvé.**

— Merci de m'avoir **sauvé** la vie.

— Reviens vite, OK ?

— **Promis.**

Et c'était tout. L'endermage m'accompagna jusqu'à **la périphérie** de la
cité, où il avait construit **un portail du Nether.**

— Je vais traverser vers l'Overworld **en même temps** que toi, me
dit-il. Mais je ne **t'accompagne pas.** Je vais me rendre à la capitale,

Aetheria. Si jamais tu dois t'y rendre, demande où se trouve la **bibliothèque**. Je serai en train d'y mener mes recherches.

Je hochai la tête.

— Bon, tu te souviens de ce que **tu dois faire ?** me demanda-t-il.

— Une fois arrivé dans l'Overworld, je me dirige vers **l'est** et je cherche le village de **Ruissombre**. Il se trouve sur **la côte est** du continent principal. Si jamais j'atteins l'océan, je prends la direction du **nord** jusqu'à ce que je le trouve.

— Bien. Que feras-tu si tu trouves **le village ?**

— Je demanderai à voir une fille du nom **d'Alizée**.

— Qui d'autre ?

— **Minus. Pierre.**

— Bien. Et que feras-tu si tu ne peux pas **les localiser ?**

— Je me dirigerai vers **l'ouest**, vers **Aetheria**, pour te retrouver.

— Et si tu réussis à les trouver ?

— Je leur dirai de **fuir leur village** et de se réfugier dans la capitale.

— Pourquoi ?

J'articulais **lentement**, essayant de me rappeler précisément ce que Grizarre m'avait dit plus tôt :

— Parce que selon **la prophétie, un dragon** va venir détruire leur village.

– **Excellent.** On dirait bien que ta compétence **« intelligence supérieure »** marche réellement.

– ...

Je me rappelle de **la première fois** où je suis passé à travers un portail du Nether. **L'incertitude** qui m'habitait alors. **La peur.** **L'hésitation.**

À présent, c'était en gros la même chose, seulement **dix fois pire.**

J'avais **peur** de ce à quoi j'allais devoir faire face. Finalement, je fis un pas en avant.

Ma vision s'obscurcit.
Tout devint noir.

À peine arrivé dans l'Overworld, **je m'élançai.**

Au premier regard, tout avait l'air **normal**. Les arbres. Les herbes hautes. Les collines et les montagnes, les rivières et les vallées.

Mais je tombai rapidement sur le genre de trucs que j'avais espéré ne pas voir...

Du genre trous causés par des explosions et restes d'arbres calcinés.

Au bout de quelques heures, **je tombai sur un village,** ou ce qui me **semblait être** un village...

Pourtant, tout ce que je trouvai ce fut des récoltes détruites et des ruines.

Il n'y avait aucun bruit, à part le sifflement du vent.

Même les animaux de la ferme avaient disparu.

J'allai **renifler** devant chaque maison.

*Je ne sens l'odeur **d'aucun villageois**, pensais-je. Quoiqu'il se soit passé ici, ça a dû arriver il y a **plusieurs jours**, voire même **des semaines.***

Pourtant, je sentis **deux nouvelles odeurs** à peine quelques instants plus tard. L'une était **humaine**, l'autre était celle d'un **villageois**. J'entendis bientôt des pas **s'approcher** et je me cachai dans les hautes herbes.

(Ma compétence « furtivité » a dû me rendre quasi invisible, car même en étant tout près, ils ne m'ont pas vu du tout.)

L'humain avait des **cheveux blonds** en épis et portait une armure marron ainsi qu'**une épée** dans son dos. Le villageois avait un nez énorme et portait **deux épées** dans son dos, l'une plus courte que l'autre.

— J'arrive pas à y **croire**, disait le villageois. C'est **exactement** comme le dernier que j'ai traversé.

— Va falloir t'y **habituer**, répondit l'humain. Tous les endroits que j'ai vus étaient pareils. **Voire pire.**

— ...

Le villageois eut soudainement **l'air enragé**. Mais sa colère disparut aussi rapidement qu'elle était apparue, et il contempla les ruines avec **tristesse**.

— **Allez**, dit l'humain. Faisons un tour pour voir s'il y a des trucs à **récupérer**. Et reste sur tes gardes. Tu ne me croirais pas si je te disais le genre de trucs qu'on peut croiser en ce moment.

— Je te croirais. J'en ai **combattu** quelques-uns moi-même.

— **Sérieux ?** Hé, pourquoi t'es là, au fait ?

— **J'ai été exilé.**

— Qu'est-ce que t'as fait ?

— J'ai fait **le mauvais** choix. C'est une longue histoire.

— Ils t'ont laissé **une arme** au moins, j'espère ? Ou **des outils ?**

— **Rien.** J'avais abandonné mon matériel un peu plus tôt. La première nuit, j'ai été attaqué par **une dizaine de zombies** pendant que j'essayais de creuser **un abri d'urgence.**

— **Aïe.** Tu avais une épée au moins ?

– **Non**. Seulement **une pelle en bois.**

– Tu t'es battu contre **dix zombies** avec une pelle en bois ?
Comment t'as réussi ça ?!

– Je l'ai juste fait.

Le villageois fit **une courte pause.**

– Et toi, pourquoi es-tu ici ?

– **À cause de ça.**

L'humain sortit **une feuille de papier** de son inventaire.

– Je l'ai trouvée dans **les ruines** d'une bibliothèque il y a quelques jours. Elle mène à **une grotte remplie d'adamant.**

– C'est quoi de **l'adamant ?**

L'humain poussa un soupir.

– À mon avis, tu as été **coincé** dans ce village pendant bien trop longtemps. Peut-être que te faire **exiler** était pas une si mauvaise chose, **hein ?** Bref, je te dirai quoi faire. T'as qu'à **me suivre.**

Il **dégaina** son épée.

– **Allez**. La grotte n'est pas très loin d'ici. **Fouillons** d'abord les ruines, puis allons-y.

– D'accord, dit le villageois. Au fait, tu ne m'as pas dit **ton nom.**

– **Tu peux m'appeler S**, répondit l'humain.

– S ? C'est tout ?

— Eh bien, je sais que mon nom **commence** par un S. Je ne me rappelle pas du reste, par contre. Bon, **allons-y.**

Ils s'éloignèrent.

Évidemment, j'avais envie de me **montrer** et d'aller leur parler, mais ils avaient l'air **un peu dangereux.**

Une fois qu'ils furent **suffisamment** loin, je pris ma boussole et quittai les ruines en direction de l'est. Je n'ai rien vu d'autre de notable pour le reste de la journée, à part un feu. **Un feu de forêt.**

J'entendis des voix dans mes rêves.
Les voix de deux **filles**.

— C'est complètement **naze** de faire de la reconnaissance. Il ne s'est pas passé un truc depuis des jours !

— C'est **la mission** qu'on nous a confiée, **Émeraude**. Pour la **sécurité du village**.

— Ouais, je sais. C'est juste que j'aimerais tellement prendre un bon **bain chaud !** Je suis couverte de crasse, ces nouvelles bottes me font mal aux pieds et... Hé, regarde ! **Par là !**

— C'est un **ocelot ?**

— Ça y ressemble. Sauf pour cette **fourrure bleue**.

— Et tu disais qu'il se passait jamais rien d'intéressant ?

— **J'avoue**, je reviens sur ce que j'ai dit. C'est encore plus **intéressant** que cette **fille humaine** qui s'est pointée au village. C'était quoi son nom déjà ?

— **Jaimelesdragons1**. Hé, pourquoi il se réveille pas, l'ocelot ?

Mes yeux s'ouvrirent quand je sentis quelque chose me bousculer.

– Il est **adorable** ! s'exclama la fille avec les cheveux bleu-vert.

– Est-ce que c'est vraiment un ocelot ? À mon avis, il ressemble plutôt à **un monstre**.

– Quoi que ce soit, **on le garde.**

– **Le garder ?! Tu rigoles ?!** Je croyais que tu n'aimais pas les monstres, **Alizée !**

– Tu crois pas qu'un monstre nous aurait déjà **attaquées ?**

– Bah, je suppose.

– C'est **bizarre**, par contre. Je pensais que les ocelots étaient **très farouches.** Peut-être qu'il est **dressé ?**

Ça me prit un moment avant de **vraiment réaliser.**

209

Alizée ?! La fille de gauche s'appelle **Alizée ?!** C'est quoi ce coup de bol ?!
Je me mis debout sur mes quatre pattes et décrochai **un gros**
bâillement.

— Pas besoin de parler comme si je ne vous **comprenais pas.**
Je parle **votre langue.**

Les filles firent **un bond** en arrière.

— **Euh...** est-ce qu'il viendrait pas de...

— **Tu peux *parler* ?** me demanda Alizée.

— Ouais.

— Pourquoi ai-je le **sentiment** que tout va de nouveau dégénérer
par ici ? dit Émeraude.

— On m'a envoyé ici pour trouver **une fille du nom d'Alizée**,
répondis-je. Et **deux garçons** aussi. L'un s'appelle **Minus**,
l'autre **Pierre**.

Les filles échangèrent un regard.

— Je ne comprends pas, dit Alizée. Comment nous **connais-tu ?**

— Nous avons un ami en commun : **Tadoss.**

Son sourire **s'évanouit**. Émeraude **soupira**.

— Il serait pas en train de parler du squelette **dans tes rêves ?**

— Si.

– Je vois. On devrait pas retourner au village pour prévenir le maire que **des trucs de dingue** de proportions encore jamais vues vont bientôt nous tomber dessus ?

Alizée hocha la tête **très lentement**, puis plongea ses yeux dans les miens.

– Comment tu t'appelles ?

– **Billy.**

– Ravie de te **rencontrer**, Billy. Puis-je savoir pourquoi tu as été envoyé pour nous trouver ?

– C'est **une longue** histoire.

– **Pas grave.** Ça te dirait de venir au village avec nous ? Tu peux tout nous raconter sur le chemin.

– **Bien sûr**, répondis-je. Oh, en fait, maintenant que tu le dis, on m'a demandé de **vous prévenir** de quelque chose. À propos de votre village.

Les filles échangèrent un nouveau regard.

– **De quoi s'agit-il ?** demanda Alizée.

– Vous devez tous partir **avant la pleine lune**, répondis-je. Pour aller vers **la capitale**. Car selon **la prophétie...** votre village est sur le point d'être **anéanti.**

Récapitulons. Tandis que je cherchais le village de **Ruissombre**, je suis tombé sur **deux filles**, **Émeraude** et **Alizée**.

Je leur ai raconté que j'avais été envoyé ici pour **les trouver** et aussi que, selon **la prophétie**, leur village allait bientôt **être détruit**. Comme je l'appris par la suite, je n'aurais **jamais** pu trouver **Ruissombre**. C'était le **village d'origine** d'Alizée, et il avait été complètement **détruit** il y a quelque temps de cela. Elle faisait partie des quelques **survivants** qui avaient réussi à s'échapper.

— **Une seconde**, dis-je. Où est-ce qu'on va comme ça du coup ?

— À **Bourg-Village**. Probablement le dernier village encore debout, de ce côté du continent.

— Bon, les humains disent que ce n'est pas vraiment **un village**, mais **une ville**, dit Émeraude. Peut-être qu'ils ont raison. L'endroit a tellement changé.

— **C'est vrai**.

Alizée tourna le dos et pointa du doigt une direction lointaine en contrebas de la grande colline sur laquelle nous nous trouvions, de l'autre côté d'une rivière. Je n'avais **jamais rien vu de pareil**.

— C'est un genre d'arbre ? demandai-je.

Alizée fit **non** de la tête.

— C'est l'une de nos **tours de garde**. Elle sert aussi de **phare**. Nos bâtisseurs ont construit ces tours autour de notre village pour que les **éclaireurs** puissent retrouver leur chemin.

— Nous n'avons qu'à aller dans cette direction pour être à **la maison**, dit Émeraude. C'est **Max** qui en a eu l'idée. C'est un copain à nous. En vrai, je suppose qu'on peut aussi dire que c'est grâce à **Minus** que...

J'ai presque **sursauté** quand elle a dit son nom.

— Vous **connaissez** Minus ?!

— **Bien sûr**, répondit Émeraude. Il fait partie de notre **groupe**. En fait, il aurait dû être **avec nous**, là, tout de suite.

— Et pourquoi il n'est pas là ?

— Il est **actuellement puni**.

Émeraude poussa un soupir devant mon expression **perplexe**.

— On a fini l'école récemment, continua Émeraude. Et le maire nous a donné à tous un **tout petit** dernier devoir à faire. On devait écrire **vingt pages** sur la profession que nous voulions exercer. Alors bon, j'adore mon village et tout ça, et je n'ai absolument **aucun regret** à devenir une **guerrière**, mais tout de même, qui a envie d'écrire vingt pages sur quoi que ce soit ?! Heureusement, **Minus** a eu une idée pour nous éviter d'avoir à écrire autant, mais sans **briser** les règles. Du coup, tous les autres élèves ont **copié l'idée de Minus**. Pas la peine de préciser que le maire n'était pas super **content**. Je suppose que c'est pour ça que **Minus** est de retour à la **confection** de plats à base de pomme de terre.

Je résistai à la tentation de demander : « *C'est quoi une pomme de terre ?* » et hochai la tête en guise **d'approbation**.

— **Hmm.** Vous pensez que je pourrais lui parler ?

— **Sûrement**, dit Émeraude. Enfin, ça dépend si le village entier se met à péter un câble en entendant **la mauvaise** nouvelle. D'ailleurs, tu sais quel genre de **dragon** doit attaquer notre village ?

— J'en ai aucune idée. Je sais même pas ce que c'est qu'un **dragon**.

— ...

214

Une fois arrivé **au village**, je fus **encerclé** par énormément de gens.

Personne n'avait l'air **effrayé** par moi, même pas les enfants.

— C'est vraiment **un ocelot ?**

— On dirait surtout **un monstre !**

— **Ouah !** Où est-ce que je peux en trouver un pareil ?

On ne m'avait jamais porté jusque-là. Ni caressé. Ni câliné. Ni autant nourri.

Je pourrais m'habituer à cette vie. J'adore Bourg-Village.

— Merci pour **le poisson**, dis-je à un garçon humain du nom de **Dodogiraffe**. Ça creuse de courir pendant une heure sans s'arrêter.

— Tu peux **parler ?!**

— C'est quoi **ton nom ?**

— Tu es quoi comme **type d'ocelot**, au juste ?

Mes débuts à **Bourg-Village** se passèrent comme ça, en gros.

Une fille du nom **d'Ophélia** prit Alizée dans ses bras.

— **Contente** de te voir de retour. C'est quoi l'histoire de ton nouveau copain ?

— C'est **compliqué**, répondit Alizée.

Émeraude se mit à rigoler.

— On peut dire ça. Attends d'entendre **les dernières nouvelles.**

Elle se tourna vers Ophélia.

— **Hé**, au fait, ton père est **bibliothécaire**, pas vrai ? T'as déjà entendu parler d'un truc qui s'appelle **la prophétie ?**

— Ça me dit rien. Pourquoi ?

— Pour rien. **Je vous laisse.** C'est l'heure du bain pour moi. À plus tard au **rassemblement ?**

— Quel **rassemblement ?** demanda Ophélia, perplexe.

Émeraude répondit par **un clin d'œil** et disparut.

— Hum, **d'accord.** Bon, qu'est-ce qui se passe ? questionna la jeune fille aux cheveux jaunes.

— Il semblerait que ce chaton vienne **d'une cité de monstres**, répondit Alizée. De **gentils** monstres.

Elle se pencha pour me **gratter** entre les oreilles.

— Pas vrai ?

— Je ne me **considère** pas moi-même comme étant un monstre, répondis-je. **Mais oui**, c'est bien ça.

— Pourquoi es-tu ici ? me demanda Ophélia.

— As-tu déjà entendu parler de quelqu'un qu'on pourrait appeler **un Sauveur ?**

— Non... ?

— Et des **Élus ?** Non plus ?

— Euh...

Les autres villageois avaient l'air tout **aussi perdus**.

Quelques instants plus tard, un homme connu comme étant **le maire** s'approcha, entouré d'autres hommes vêtus de noir, **l'air très sérieux**.

— **Alizée ?** Que se passe-t-il ici ? Et qu'est-ce que c'est que... **ça ?!**

— On l'a trouvé **endormi** au pied d'un arbre. Il a un message qui nous est **destiné**.

— Je vois.

Le maire me fixa **sans cligner des yeux** pendant au moins cinq secondes.

– Euh... **bon travail.**

L'un des hommes en noir jeta quelque chose **autour de mon cou.**

J'appris plus tard que cela s'appelait **une laisse.**

Je me **hérissai** et essayai de **fuir,** mais je ne pu pas parcourir plus de cinq blocs avant d'être **traîné de nouveau** face à celui qui me retenait **prisonnier.**

Alizée se précipita vers l'homme.

– Père, **non !**

L'homme eut un sourire **en coin.** Ses yeux étaient **dissimulés** par l'un de ces trucs noirs bizarres.

– Tu sais ce qui doit être **accompli.**

Ils m'ont **traîné** vers une petite pièce noire et m'ont posé un tas de questions. Le genre de questions que **les gens prudents** se posent quand **un chaton bleu** apparaît un beau jour dans leur village.

« *C'est Herobrine qui t'envoie ?* »

« *Des gentils monstres ? Dans le Nether ?!* »

Eh oui, c'est vrai. Et leur haleine sent meilleur que la tienne.

Je leur ai **tout raconté**, mais ils n'en ont **pas cru** un mot. Personne n'a entendu parler de **la prophétie**. Quant aux **dragons**...

— On n'a pas aperçu le moindre **dragon** dans l'Overworld depuis au moins **mille ans !** cria l'homme nommé **Brio**. Il existe toujours une espèce de dragons, oui, mais ils ne vivent que dans la **troisième dimension !**

– Je ne sais **rien de plus** que ce qu'on m'a dit ! **L'enderman** m'a montré ce livre, et...

Quand j'eus fini de leur parler du livre que Grizarre m'avait prêté, Brio fit entrer d'autres villageois. Ceux-ci portaient **des robes blanches**. J'appris par la suite qu'il s'agissait de **bibliothécaires** et qu'ils avaient **une connaissance pointue** de toute l'histoire de ce monde. Pourtant, aucun d'eux ne se rappelait avoir lu quoi que ce soit sur **la prophétie.**

– Qu'en est-il de ces **compétences** dont tu parles ? me demanda le maire. Et si tu nous en faisais **la démonstration ?**

– **Pas de problème.**

Devant leurs yeux **ébahis**, je me mis à **cracher du feu**, à grimper le long d'un mur de pierre, me tins immobile jusqu'à devenir **quasi invisible**...

– S'il y avait **un lac de lave** dans le coin, je pourrais aussi aller **nager**, ajoutai-je. Je suis **immunisé** contre le feu, tout comme les monstres qui vivent dans le Nether.

Pour finir, **j'invoquai mon écran**. Brio et le maire savaient ce que c'était. Ils connaissaient **les sorts visuels** eux aussi !

Ils firent apparaître les leurs comme je l'avais fait.

— Presque tous **les êtres vivants** possèdent pareils écrans, me dit Brio. Pourtant, la plupart sont **incapables** de les faire apparaître. Ils doivent être... *débloqués.*

Les deux villageois firent disparaître leur écran, puis le maire observa le mien, qui montrait à présent **les améliorations** que j'avais reçues.

— C'est quoi **ça ?**

— L'enderman m'a jeté une sorte **d'enchantement**, répondis-je en leur montrant **mes griffes violettes.**

— Est-ce qu'il t'a fait entrer dans **une sorte de boîte métallique ?** me demanda Brio.

— Vous voulez dire **une chambre de runes ?**

— C'est ça.

Brio se tourna vers le maire.

— Peut-être ne **ment-il pas ?**

Le maire hocha la tête.

— Écoute... **Billy**, c'est ça ? Je vais convoquer tous les habitants du village. On va avoir **un rassemblement.**

— Il va falloir que tu racontes **à tout le monde** ce que tu viens de nous dire, ajouta Brio.

Pour une raison **inconnue**, il avait encore cet étrange sourire sur les lèvres.

— Je suppose que nous allons bientôt devoir former encore **une nouvelle alliance**.

Un homme du nom de **Perce** prit la parole.

— Dites-moi que **cette créature** va rejoindre notre armée. S'il vous plaît. Je le veux **en première ligne**.

— Peut-être bien.

Brio cessa de sourire.

— Une dernière chose, **chaton**. Le livre donnait-il le nom des **deux Sauveurs** ?

— Oui. Mais je les ai **oubliés**. L'enderman m'a demandé de retenir tellement de choses... Le livre disait que l'un des deux était **humain**. Est-ce que ça vous aide ?

— Pas **vraiment**.

Une heure plus tard, je me trouvais dans **un quartier** plutôt chic de Bourg-Village. Un très grand nombre de villageois étaient **réunis** devant moi. **Sauf que non.** À peu près la moitié de la foule **n'était pas** des villageois. Ils avaient l'air **différents**, portaient **des vêtements** différents. Peut-être s'agissait-il **des humains** dont j'avais entendu parler ?

(Maintenant qu'on en parle, je me rappelle avoir vu des villageois autrefois, quand j'étais encore un chaton normal, mais je n'avais encore jamais vu d'humains avant aujourd'hui. D'où venaient-ils ?)

Le maire finit par **me présenter**, puis me demanda d'annoncer les dernières nouvelles à tout le monde.

Par « aider à sauver le monde », la prophétie voulait dire en fait « servir de messager ».

Je suppose que c'était **un peu bizarre** pour eux d'entendre un animal parler.

Et encore plus bizarre de m'entendre parler d'une **cité de monstres** prêts à s'allier.

— Les monstres que j'ai rencontrés connaissent **la magie**, dis-je. Ils sont **très intelligents**. Je pense que les deux camps peuvent **s'entraider**.

Bien sûr, beaucoup d'entre eux ne me croyaient pas ou ne me faisaient pas **confiance**. Un jeune homme **émergea** de la foule. Je pense que c'était un humain. **Il planta ses yeux** dans ceux du maire et dit :

« Vous pensez que c'est **une bonne idée** de coopérer avec des monstres ? »

Dès que je l'ai vu, **j'ai senti** qu'il y avait quelque chose de **différent** chez lui. C'était la même **impression** que j'avais eue après avoir rencontré **Grizarre, Tadoss, Brio, Alizée, Émeraude...**

Et pourtant, il était **différent** d'eux. **Plus fort**, peut-être ? Est-ce que cette **puissance** que je ressentais venait d'un plus haut niveau de compétences que tous les autres ? Je n'étais **pas trop sûr.**

— Cette question est bien sûr à étudier, répondit le maire. Nous allons devoir **débattre** longuement de cette question et décider par vote.

Ce dernier propos fut suivi d'un **grand brouhaha.** Qui devint encore plus fort après que le maire eut ajouté :

— Bien que cela soit encore **difficile** à imaginer, il se pourrait qu'un jour les monstres **vivent parmi nous** et...

Un vieux villageois me jeta **un regard mauvais** et cria :

— Le jour où les monstres viendront vivre parmi nous est le jour où je **partirai** créer **mon propre** village ! **Je sais creuser !** Je me construirai une maison souterraine et je commencerai un élevage de chauve-souris !

D'autres villageois se sont joint à lui :

— Bien dit, **Leaf !**

— **Ouais !** C'est du n'importe quoi !

— Personne a jamais entendu parler de cette **prophétie** d'abord !

– Si **un dragon** doit vraiment venir, on l'attend ! On s'est déjà débarrassé de **milliers** de **zombies** par nous-mêmes !

– **S'allier** avec des monstres ?! Comment pouvez-vous même le **suggérer ?!** Vous ne vous rappelez pas des attaques ?!

– **Dehors**, les monstres !

– Ouais ! **Dehors, les monstres !**

À peu près la moitié de la foule se mit à **scander** ces mots. Quelqu'un **me jeta une carotte** à la tête. Suivirent des **graines**, une pomme, puis une miche de pain.

(J'ai mangé le pain pour remplir ma barre de nourriture. Bien fait pour eux.)

– Cessez **immédiatement** ! cria le maire. Nous ne pouvons pas **ignorer** ce que cet animal a à nous dire ! Si ces monstres **bienveillants** existent réellement, nous devons réfléchir à la possibilité de former **une alliance !**

Il descendit de son podium pour se tenir à **mes côtés.**

– Bien que ce soit **un animal**, il fait preuve **d'intelligence** et sera traité avec **respect** pendant toute la durée de son séjour ici ! Est-ce que vous **m'avez bien compris** ?

On put entendre quelques **grommellements** et faibles protestations. Puis plusieurs personnes s'approchèrent de moi. Dont **Alizée.**

Non, ce n'est pas un générateur de redstone. C'est moi en train de ronronner.

— J'aimerais lui faire **visiter** le village, dit-elle au maire. **Je peux ?**

— Si Billy est d'accord.

Le maire poussa un soupir.

— Chaton, je suis **désolé** pour toute cette **agitation**. Nous avons un peu de mal à faire confiance aux monstres.

Cela étant, souhaites-tu **rester ici** en attendant que nous prenions une **décision ?**

— **Pourquoi pas ?** J'aime bien les gratouilles.

— Très bien. Pendant ce temps, nos **bibliothécaires** vont continuer leurs recherches. Espérons qu'il sera possible d'éclaircir un peu cette histoire de **prophétie.** Et tu pourras parler avec **Minus**... une fois que sa punition sera terminée.

– Merci *(je me rappelai soudain du mot humain)*... **monsieur**.

– Je suis **épuisée**, dit Alizée à son père. Je vais l'emmener chez nous et lui ferai **visiter** le village demain.

Alors qu'elle se tournait pour partir, me tenant dans ses bras, elle **percuta** quelqu'un. C'était un villageois vêtu d'une **robe rouge sombre**. Des **poils blancs** pendaient du bas de son visage et il portait **un gigantesque chapeau rouge** ainsi que les mêmes choses noires que le père d'Alizée. On ne voyait pas grand-chose de **son visage**.

– Veuillez **m'excuser**, jeune dame.

Alizée fit un pas vers lui.

– **Hé !** Je ne vous aurais pas déjà vu quelque part ?

– **N-non.** Je... Non, je ne crois pas que nous nous soyons déjà rencontrés. Je me souviendrais d'une **demoiselle** comme vous !

– C'est quoi votre nom ?

– **Mon nom ?**

Une pause.

– **Korbius !** s'écria-t-il soudain en hochant **vivement** la tête. Oui, c'est ça mon nom ! **Korbius Wijjibo !**

– Je ne pense pas vous avoir jamais vu à Bourg-Village avant.

– Évidemment que non, car je suis... **un marchand voyageur !** Oui ! Un marchand qui voyage ! C'est **mmmmoi !**

Il fit une **courbette.**

– Voudriez-vous **m'acheter** quelque chose ?

– Non merci.

Alizée hésita encore un instant, les yeux fixés sur lui et **les sourcils froncés,** puis m'emmena. Elle se comportait de façon **bizarre.**

– Que se passe-t-il ?

– Non, **rien.**

Elle jeta un dernier coup d'œil par-dessus son épaule.

– Je dois être **parano.**

Une fois dans la maison d'Alizée, je **m'étonnais** qu'elle soit **si petite**. Comparée à la hutte de Grizarre, elle était même **minuscule**. La chambre d'Alizée faisait seulement **cinq blocs de largeur**.

Émeraude avait dit tout à l'heure que la chambre d'Alizée ressemblait à un donjon. J'étais plutôt d'accord.

Je **m'assis** sur le tapis.

— C'est vraiment si difficile à **imaginer** que des monstres puissent être **gentils** ?

— Il nous est arrivé pas mal d'histoires récemment. Nous avons subi plusieurs **attaques de monstres**, et certains d'entre nous ont... Bref... **On a perdu des gens.**

– **Je suis désolé.** Je comprends maintenant pourquoi ils sont si **méfiants.**

Je me mis à **fouiner** et vis alors un livre posé au sommet d'une surface plate surélevée. C'était **un journal,** exactement comme le mien.

Cher Journal.
Il me manque.

*Où a-t-elle **appris à dessiner** comme ça ? Je suis super **jaloux.***

Alizée se **précipita** et **m'arracha** le journal des pattes avant que je n'eusse le temps de bien regarder les dessins. Ses joues étaient **toutes rouges !**

– C'est **Minus**, pas vrai ?

– Oui. Tu... l'as déjà vu avant ?

– Ouais. **Grâce à ça.**

Je sortis **la pierre de parlotte** de mon inventaire pour la lui montrer et lui racontai à quoi elle servait.

– Ça explique pas mal de choses, dit-elle d'un **air songeur**. Je commençais à me demander si **Herobrine** n'était pas à l'origine de ces rêves. On pourrait peut-être **l'utiliser** ce soir pour parler à Minus ?

– Peut-être. Tadoss m'a dit que cette pierre de parlotte ne marche pas à tous les coups par contre. Les pierres de parlotte devraient permettre de **communiquer** avec n'importe qui, qu'il dorme ou pas. Mais elles sont **difficiles** à faire. L'enderman est toujours en train d'essayer de les **perfectionner**.

– Si jamais ça ne marche pas, tu pourras toujours parler avec Minus en personne. **Sa punition** sera levée dans quelques jours.

– Est-ce qu'il est **toujours puni** comme ça ?

– **Non**, c'est juste que... il est **capitaine** maintenant. **C'est un chef.** En gros. Alors, le maire veut qu'il soit **un modèle**. La plupart des petits ont beaucoup **d'admiration** pour lui.

– Oh.

Un peu plus tard, cette même nuit, nous avons **essayé d'utiliser** la pierre de parlotte.

Je visualisais **Minus** en pensée, mais il ne se passa rien. Puis, sans aucune raison, je me mis à penser à ce villageois que j'avais vu hier. **Le cristal s'illumina aussitôt :**

Les images **disparurent** et furent remplacées par **le reflet violet** habituel à la surface du cristal. J'essayai de faire revenir les images, mais **sans succès**.

*(Je n'en suis pas certain, mais je pense qu'il faisait un **cauchemar** et s'est réveillé en sursaut, ce qui a **rompu la connexion**.)*

— C'était **Pierre**, dit Alizée. Mais... qu'est-ce qu'on vient de voir ? **Ses rêves ?**

– Je crois que oui.

– Je ne savais pas qu'il était **encore** en vie.

– Il l'est, répondis-je. Je l'ai vu **hier**. Avant de te rencontrer.

– **Où ça ?**

– Dans des genres de **ruines**. Il était avec un humain. Ils étaient en train de **chercher une grotte**.

– Il est donc **encore en vie**...

Elle ajouta quelque chose d'autre, mais **si bas** que c'était sans doute plus pour elle-même :

– Il a dû apprendre à utiliser ses **compétences**, lui aussi.

Enfin, je crois que c'est ce qu'elle a dit.
Ou alors c'était juste mon **imagination** ?

Alizée m'a fait **visiter** le village aujourd'hui.

Pendant qu'on marchait d'une rue à l'autre, je remarquai ces grands **bouts de papier** qu'on appelle des **affiches**. Elles étaient partout. Quelqu'un avait dû les coller **la nuit dernière.**

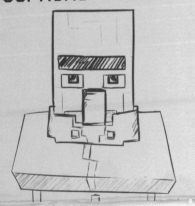

— On dirait que certains n'ont pas oublié **le rassemblement**, dis-je.

— Ça avait déjà été **difficile** d'obtenir que tout le monde **accepte** la présence des humains. Je ne suis pas sûre qu'on réussisse un jour à former **une alliance** avec des monstres.

— Il faut qu'on **essaye**. Ils sont vraiment **super** gentils. Tu **t'entendrais bien** avec eux.

Les affiches nous sortirent bientôt de la tête, car **un villageois** en **robe blanche** était en train de courir vers nous.

Max. C'était un **guerrier**, comme Alizée, mais qui voulait devenir **bibliothécaire**, autrefois.

— J'ai lu presque **tous les livres** qu'on peut trouver dans le village, dit-il. Et je n'ai rien trouvé qui parle de **la prophétie.** Par contre...

Après nous avoir montré un livre *(Histoire de Minecraftia, volume II),* il l'ouvrit vers le milieu.

– **Regardez.** Quelqu'un a **arraché** trois pages ici.

Alizée passa ses doigts sur les bouts de papier qui restaient.

– Mais **qui ferait ça ?**

Max haussa les épaules.

– Peut-être que ça parlait de **la prophétie ?** Mais qui voudrait la garder **secrète ? Le maire ?**

– **Non**, je ne pense pas, dit Alizée. Attends. Où as-tu trouvé ce livre ?

– La **bibliothèque principale.** J'y retournerai demain pour vérifier si d'autres livres ont subi le même sort. **Tu te joins à moi ?**

– **Désolée.** Aujourd'hui est mon seul jour libre de la semaine, et je suis censée faire **la guide** pour Billy.

– Pas de problème. Émeraude est libre demain. Je vais lui demander.

Max me regarda.

– C'est **vraiment dommage** que tu n'aies pas pu amener le livre dont tu parles.

– Je pourrais **retourner** le chercher.

– C'est ce que tu vas peut-être **devoir faire.** Si on ne trouve rien d'autre.

Max repartit, et Alizée me montra ensuite **tellement** d'endroits différents.

Les villageois ont une nourriture qu'ils appellent « glace ». Il y en a même une qui a été faite pour ressembler à une tête de creeper. Pour quoi faire ? Je n'y comprends rien.

J'avais l'impression que quelqu'un nous observait mais je ne voyais personne.

Dans l'une des rues, il se passait quelque chose de vraiment bizarre.

Un villageois avait fait ce que l'on appelle un « champ raté ».

Quelques heures plus tard, alors qu'Alizée me montrait **la grotte de combat**, ce type, **Perce**, accourut vers nous.

Il se mit à **hurler**, en demandant à Alizée si elle avait fini de faire la visite à **« Sa Majesté la Peluche »**. C'est de moi qu'il parlait ?!

— Tu veux faire un tour de notre village, c'est ça ?

Il montra du doigt un endroit en bas de la rue.

— Tu vois ces gens là-bas, en train de **construire** des choses ou de cultiver ?! Ça s'appelle **travailler dur** ! Tu ferais bien de faire comme eux, **si tu veux rester ici ! Allez, au boulot !**

Perce pense que j'ai besoin **d'une leçon**. Pour vous la faire courte, on m'a demandé de donner **un coup de patte**. Si je veux rester ici, je dois devenir **un membre utile** à la société.

Ils semblent penser que je ferais **un bon éclaireur**. C'est-à-dire explorer ce qu'il y a au-delà du mur. Mais les éclaireurs doivent maîtriser toutes **les bases**, telles que **creuser**, **confectionner** et **cultiver**...

Être éclaireur **est dangereux**. Il paraît que les monstres dehors sont de plus en plus forts. C'est aussi un travail **important**, car les éclaireurs sont censés rechercher **des ressources** comme le fer.

Il semblerait que **le fer** soit vraiment très important pour les villageois. Ils l'utilisent pour **confectionner** des armes, des armures, des outils et même leurs défenses, comme les portes et les barrières. Le problème étant bien sûr que le fer **vient du sol**, et qu'une grande partie a déjà été **extraite** de la terre du village. Ils ne veulent pas miner plus profondément, car cela pourrait **devenir dangereux**.

La **nourriture** aussi est un problème. Un grand nombre d'humains sont arrivés il y a quelque temps. La production des fermes est **limitée**. Pour le moment, les gens **consomment plus** qu'ils ne produisent. Ils ont donc besoin de construire plus de fermes. Toutefois, presque toute la surface disponible à l'intérieur des murs est déjà utilisée, ce qui veut dire qu'il va falloir qu'ils commencent à cultiver à **l'extérieur**. Tandis que nous suivions **Perce** à travers les rues du village, il criait à droite et à gauche de construire **plus vite**, de travailler **plus dur** :

— **Vous traînassez**, comme **Mastoc** dans une cuisine ! Comme **Minus** chez le vendeur de glaces ! Comme **Émeraude** au Château Fashion !

Puis il ajouta d'une voix **plus calme** :

— D'ailleurs, c'est probablement là-bas qu'elle est maintenant. Allez viens, chaton. Allons dire bonjour à **ton nouveau professeur**.

À un moment, j'ai croisé **Brio** et **le maire**. Eux aussi étaient en train de **hurler** sur les ouvriers. Le mot **« efficacité »** revenait souvent.

« Construisez des fermes par-dessus les maisons ! »

« Ne gaspillez pas d'espace ! »

Économie d'espace. Techniques de construction productives. Mais de quoi ils parlent ?! Je ne sais même pas ce que c'est qu'une récolte !

Plus tard, Perce nous a conduits à un endroit nommé **le Château Fashion**. Apparemment, Émeraude passe vraiment **beaucoup** de temps là-bas.

« Hé, les amis ! Vous voulez faire du shopping avec moi ? »

« Euh... je voulais dire : faire du troc. J'essayais carrément pas de ressembler à une humaine. Ça non ! »

– Bah tiens, je me demande comment je savais que j'allais **te trouver là** ?

Émeraude regarda à gauche et à droite, sans **bouger** la tête.

– **Oh !** C'est à moi que vous parlez ? Vous avez besoin de **conseils** en mode ?

— Pas vraiment. Puisque Alizée est en **mission d'éclaireuse** demain et que tu as du temps libre, c'est toi qui es chargée d'entraîner le chaton. **Mets-le à jour.** Montre-lui comment **cultiver.**

— **Hein ?!** Mais j'avais prévu d'aller pêcher et...

— Pardon ? Tu as dit que tu avais déjà prévu de faire **cinq mille tours** du terrain de combat ?

Émeraude afficha un sourire. Un sourire plutôt **nerveux.**

— Est-ce que j'ai dit **pêcher ?!** Je devais avoir la tête ailleurs. Je voulais dire que je serais **honorée** de m'occuper de Billy ! Par quoi devrais-je **commencer ?**

Aujourd'hui, Émeraude m'a appris à **cultiver**.

Personnellement, je trouve que je m'en suis **très bien sorti**, mais elle semble avoir un avis **différent**.

Hé, c'est pas de **ma faute** ! Ses instructions n'étaient pas très **claires**.

Comme si un chaton pouvait savoir quoi que ce soit sur la façon de **planter** des graines !

« Place-les par terre, qu'elle a dit. »

« C'est tout ce qu'il y a à faire, qu'elle a dit. »

— Ne sois pas si **impatient** ! Tu dois planter les graines dans un **champ** !

Elle m'entraîna vers **une étendue d'herbe** et me montra comment utiliser un outil appelé **« binette »**.

En me tenant à nouveau sur mes pattes arrière, je **binai** trois blocs d'herbe en terrain cultivable, puis y plantai quelques graines. J'étais **super fier** de moi. Pas elle, par contre.

— Un champ devrait être **regroupé**. Il n'y a aucune raison de **l'éparpiller** comme ça !

— Ah ? Bon.

« Bon. J'ai enfin réussi. Je peux m'en aller maintenant ? »

— Où est **l'eau** ? Il faut vraiment que tu fasses plus **attention** à ce que je dis !

Elle m'expliqua encore une fois que **les récoltes** ont besoin d'être **arrosées**, ou **irriguées**. Sinon, elles ne vont pas pousser.

Je me suis pas mal débrouillé, **au final**. Elle m'a donné un seau, et j'ai **arrosé**. J'ai seulement oublié la partie où il faut **« creuser un trou pour l'eau »**.

Un tout petit truc, **presque** rien !

« Hé, je ne t'ai pas dit de balancer l'eau par-dessus ! »

Au moins, on peut dire que le terrain est irrigué maintenant.

Ça y est, j'ai mis l'eau comme il fallait.

Y a pas moyen que je me trompe encore à ce niveau-là.

« Sérieux ? Comment je suis censé savoir la différence entre une fleur et une pomme de terre ? »

– J'ai vu beaucoup de champs ratés, mais alors là, **ouaouh** !

Tout simplement : **ouaouh** !

– La diversité, c'est bien, non ?

C'est bon, j'ai pigé le truc. Y a plus qu'à réussir tout le reste et devenir le champion du monde de plantage.

Elle m'a dit de protéger mon champ. C'est ce que j'ai fait. Même la lumière du soleil ne pourra pas s'en approcher.

– **Tabuses !** Les récoltes ont **besoin de lumière** pour pousser, tu ne peux pas construire un mur autour !

– OK ! **Désolé !** C'est juste qu'il faut que je parle à **Minus**, d'accord ? Ça fait partie de **ma mission !** Je n'arrive pas à penser à autre chose !

– As-tu la moindre **idée** de ce qui va nous arriver si on nous surprend en train d'essayer de lui parler ? Tu verras **Minus** quand il en aura fini avec **ses patates**, OK ? Respecte les **règles !**

– Très **bien !**

Je m'attaquai au mur avec **une pioche**.

— **Gentil** chaton. Bon, ce que tu devrais faire à présent, c'est construire une **clôture**. Tu fais comme ça, puis...

Et donc il fallait une clôture et pas un mur de pierre. À partir de maintenant, plus rien ne peut aller de travers.

Émeraude **sourit** pour la première fois de la journée.

— **Bon boulot**.

— Est-ce que j'ai droit à **une caresse ?** ou à **une gratouille** sous le menton, je suis pas difficile.

— On verra quand ce sera terminé. Maintenant, écoute. Les récoltes ont besoin de soleil, **pas vrai ?** Du coup, que se passe-t-il quand le soleil se couche ? Comment fais-tu pour fournir de la lumière à tes récoltes la nuit ? **Des idées ?**

— Je crois que **oui**.

Si j'en crois ce qu'elle m'a dit, avec autant de lumière, les récoltes devraient pousser super-rapidement !

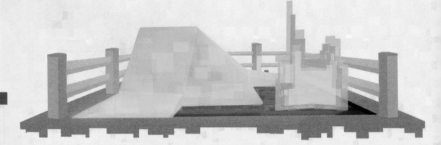

Émeraude avait **un air exaspéré.**

— Arrêtons là pour aujourd'hui. Et demain, **Mastoc** te montrera comment **construire des trucs.** Pas moi.

— D'accord. Je peux avoir **mes caresses** maintenant ?

— Même pas en rêve ! **Huuummpff !**

Émeraude partit en **trombe.** Un peu plus tard, une chouette fille qui s'appelait **Lola** m'apprit à utiliser **une arme** du nom d'arc. Les autres villageois m'ont dit qu'autrefois elle n'était pas très douée, mais qu'elle commençait à se montrer **très prometteuse.** Elle avait même fabriqué **un chapeau** à partir d'un **creeper.**

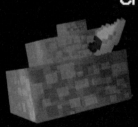

« Je vous avais dit que je deviendrais super forte ! »

Nessa « Lola » Diamancube,
de Fabuleuse Noob à Éclaireuse de première classe

CHAPEAU D'EXPLORATEUR
ARMURE + 2,5
+ 5 % VISION À DISTANCE
+ 10 % BONUS FURTIVITÉ
+ 3 % PRÉCISION À L'ARC
+ 15 % BONUS DÉGÂTS CRITIQUES
+ 25 % PRÉCISION EN TRACÉ DE CARTE

Ce matin, j'ai rencontré le villageois qui répond au nom de **Mastoc**.
C'est l'un des **meilleurs amis** de Minus.

Il avait pas l'air tellement **content** de devoir s'occuper de moi pendant son **jour de congé**. Je crois que c'était surtout parce que j'arrêtais pas de manger **les ingrédients** dont on avait besoin.

Il m'a traité de **poubelle à pattes**, tout ça parce que, selon lui, c'était même pas possible de manger certains de ces ingrédients. Le temps qu'on a passé ensemble peut se résumer en **une image :**

«Fais quelque chose de **tes pattes !!**»

Vous remarquerez le vide dans mon regard.

(J'aurais bien ajouté quelques images de mes échecs, mais à ce point-là, je commence à être relativement honteux de mon absence totale d'habileté.)

Je crois que Mastoc prend **l'artisanat** plutôt au sérieux, surtout pour tout ce qui a à voir avec de **la nourriture**, alors il n'a pas eu l'air vraiment très content quand j'ai **décoré** le sol et les murs de la cuisine avec les ingrédients.

Par chance, **Max** est venu interrompre la leçon. Il a débarqué d'un coup et a **grommelé** quelque chose à propos de livres et de bibliothèques et du **plus grand** mystère que le village ait jamais connu.

Quelques secondes plus tard,
je le suivais dehors.

Max nous emmena vers l'une des **bibliothèques** de Bourg-Village. **La plus grande du village.**

— J'ai fait beaucoup de **recherches**, dit-il en nous conduisant à travers les rayons. J'ai trouvé un livre avec des pages manquantes dans l'une des pièces du fond... Mais je n'ai remarqué **le tapis** que ce matin.

Mastoc regarda autour de lui.

— Et alors, qu'est-ce qui **cloche** avec le tapis ? À part cette **horrible** couleur orange, je veux dire. **Sérieusement**, qui a décoré cette pièce ? Max s'avança dans la pièce, puis s'arrêta.

— **Venez ici.**

On alla le rejoindre. En tant qu'animal qui venait tout juste d'apprendre à **cultiver**, je n'avais pas la **moindre idée** de ce qui se passait. Heureusement, Mastoc n'avait pas l'air de comprendre non plus.

Max montra le sol du doigt.

C'était un tapis en **laine de mouton** teinte en orange vif.

Rien de plus que de la déco.

— C'est un peu **mou**, dit Mastoc. **Spongieux** même. Un peu comme un gâteau. Pourquoi ? Il y a quelque chose **là-dessous** ?

Max se mit à **creuser** un trou dans le tapis à mains nues.

Il avait fait une découverte.

Max pense que ça fait **très longtemps** que ça se trouve là.

L'échelle mène à une petite chambre secrète.

À l'intérieur se trouvaient encore plus d'étagères, un coffre bourré de parchemins et... **un livre énorme**, posé sur une table.

Bien qu'il ne ressemblât à rien d'autre qu'un livre normal avec une couverture **gris sombre**, je ressentais quelque chose de **spécial**... Plus je le regardais et plus je pouvais sentir **la puissance** qu'il contenait. Max souleva le livre de telle façon qu'il était évident qu'il pesait **très lourd.** Le titre était *Archives d'Aetheria*.

– C'est sans fin, dit Max. Il fait plus de **150 pages.**

– **150 pages ?!**

Mastoc s'approcha du livre et l'observa d'un **air suspicieux.**

– Sur quoi ?

– L'histoire du monde. Sur **la prophétie** aussi. Et devine quel nom j'y ai trouvé ?

– **Alizée ?**

– Non. **Kolb.**

Je m'approchai aussi pour regarder de plus près.

– C'est **l'un des Sauveurs**, non ?

– Apparemment. Je me demande pourquoi il ne nous l'a jamais dit.

– Peut-être qu'il n'est **pas au courant ?** dit Mastoc.

Max haussa les épaules.

– Il y a plus **bizarre** encore. L'un des trucs que j'ai lus...

Apparemment, on serait contrôlés par une sorte de **force directrice**

du nom de **IA.**

– J'en ai déjà entendu parler, dis-je.

Max alla à la première page.

– Et puis il y a ça.

NE LE LAISSEZ PAS VOIR

IL LES CRAINT

MAIS IL NE CONNAîT PAS LEUR IDENTITÉ

CELUI SANS YEUX OBSERVE SANS CESSE

CACHEZ-VOUS

TOUJOURS DERRIÈRE VOUS

IL ATTEND

— Je ne sais pas qui a écrit ça, mais **clairement**, cette personne ne voulait pas qu'**Herobrine** trouve ce livre, dit Mastoc. Ça doit être pour cette raison qu'il était **planqué** ici. Mais qui est l'auteur ?

Max tourna la page.

ARCHIVES D'AETHERIA

ÉCRITES À L'ORIGINE PAR ENTITÉ303

ÉDITÉES PAR LES CINQ SCRIBES :

MANGO

IMPULSE75

DIAMOND GIRL

SPARKLE

PHRED13

— Il faut qu'on aille parler à **Kolb**. Il doit bien **savoir** quelque chose.

Max hocha la tête.

— Je vais aller à sa recherche. Vous deux, restez ici. **Et Billy ?** Nettoie ce sucre sur ta truffe. Sérieusement, t'es un **chaton** ou un cochon ?

Environ dix minutes plus tard, **Kolb** fit son apparition dans la pièce.

— J'espère que tu as **une bonne raison** pour me faire descendre ici, dit-il. **J'ai vraiment...**

Il se tut en me voyant.

— **Oh !** C'est à propos de ça, alors. Tu l'as dit à combien de gens, **chaton ?**

— **Aucun.** Je ne me rappelais pas de ton nom.

— Alors, tu étais déjà **au courant ?** demanda Max.

— **Ouais.**

— Tu peux pas nous expliquer ce qui se passe ? dit Mastoc.

L'humain s'appuya contre une étagère.

— Je peux vous dire ce que je sais. Mais pour **la sécurité** du village, vous devez me **promettre** de ne jamais rien dire à qui que ce soit d'autre. Pas même le maire. **Compris ?**

Deux villageois et un chaton hochèrent la tête d'un même mouvement. Kolb poussa **un soupir.**

— Dire qu'autrefois je **me moquais** de moi-même quand je discutais avec des personnages non joueurs. Et voilà que maintenant... **Enfin bref.**

C'est ainsi qu'il nous **raconta son histoire.**

Kolb l'humain vivait autrefois dans un monde du nom de **Terre**.
Sa vie était plutôt **ennuyeuse**. Il allait à l'école, faisait ses devoirs,
étudiait. Il **jouait** aussi à des jeux.

Les jeux auxquels il jouait utilisaient **une technologie** qui s'appelle
réalité **virtuelle**. Il fallait porter un appareil comme une sorte de
casque, et on avait l'impression d'être dans **un autre** monde.
Sa mère était toujours au travail et il n'avait **jamais connu** son père,
alors il s'échappait souvent dans ces jeux, pour ne pas se sentir seul.
Son endroit préféré était une réalité virtuelle d'un **serveur Minecraft**
du nom *d'Aetheria*.

Ce monde est **le nôtre**. Ou ça l'était, en tout cas.
Max n'avait pas l'air de le croire.

— Tu essaies de nous dire que... nous ne sommes que **des personnages**
d'un jeu ?

— Je ne sais pas, dit Kolb. On n'en est toujours pas certains. On a eu
énormément de discussions à ce propos, pour essayer de comprendre.

— Alors, que s'est-il passé ? demanda Mastoc. Tu as dit que ce jeu
auquel tu jouais était **normal**, non ? **Tout le monde** y jouait.

Qu'est-ce qui a **changé**, alors ? Pourquoi les humains sont toujours **en train de flipper ?**

— **Hmmm...** Je vous explique...

L'humain continua son histoire.

C'était l'année **2039**, et son monde était dans une situation similaire au nôtre : en proie à **une guerre** terrible. Un jour, des armes d'une puissance de destruction **incomparable** furent lancées en direction de son pays. Il était seul quand **la nouvelle** est arrivée.

Pour beaucoup, le monde était sur le point d'être **anéanti**. Alors, Kolb voulut voir ses amis une dernière fois et **entra dans le jeu** d'Aetheria. Pour faire **ses adieux.**

Il y retrouva **sa meilleure amie, Ione**, ainsi que l'un des **administrateurs** du jeu, Entité.

C'est là **que...**

À quelques minutes à peine de **la fin du monde...**

— J'ai perdu **connaissance**, et quand je me suis réveillé, j'étais toujours dans le jeu, **incapable** de me déconnecter. On appelle ça **l'Événement**. Beaucoup d'entre nous pensent qu'il y a une raison **scientifique** à ce qui s'est passé. Mais tout autant de gens croient en l'impossible.

Max leva le nez de **l'énorme livre.**

— Tu veux dire : **la magie ?**

— Ouais, je suppose. Je n'ai jamais cru en **ce genre de trucs.** Je n'y crois toujours pas. Et pourtant... Certains humains pensent qu'Entité est un sorcier qui les a emportés pour les mettre en sécurité juste avant la fin du monde.

— C'est donc pour ça que vous vous **disputez** sans arrêt, dit Mastoc. Et que certains d'entre vous s'appellent **les Croyants** et d'autres **les Chercheurs.** Je n'avais jamais compris la raison, jusqu'à maintenant.

— Si nous ne sommes que des **personnages de jeu,** intervint Max, est-ce que cela veut dire que nous ne sommes **pas vraiment vivants ?** Qu'on est juste des... **golems,** ou un truc du genre ? Qui suivent des **instructions ?**

L'humain haussa les épaules.

— On a discuté de ça pendant des jours et des jours. Au final, vous avez tous l'air **tellement vivants...** C'est comme si le jeu était **magiquement** venu à la vie.

Il soupira.

— **Écoutez,** les gars. Je ne fais que vous dire ce que je sais, et ce n'est pas grand-chose. Ça m'a pris un bon moment pour **accepter** tout ça. Mais c'est maintenant le cas. **Les choses sont ce qu'elles sont.**

– Désolé de vous interrompre, dis-je, mais **je meurs de faim**. Peut-être qu'on pourrait continuer cette discussion autour d'un dîner ? Les trois autres m'ont regardé comme si je venais juste de demander si quelqu'un voulait bien m'aider à **construire un igloo** dans le Nether.

– C'est même pas l'heure du **déjeuner**, dit Max.

– **Oh !** J'y peux rien, j'ai vécu dans le Nether. L'absence de ciel peut perturber votre **notion du temps**.

Mastoc sortit un objet d'aspect **bizarre** de son inventaire et le posa sur l'une des étagères. L'odeur m'était **familière**...

« Tiens. Mange ça et tiens-toi tranquille. C'est délicieux, je t'assure. »

« Est-ce que c'est de l'artisanat de haut niveau, ou une sorte de champignon mutant ? »
(Max.)

Je reniflai la chose d'un **air suspect**.

— Qu'est-ce que c'est que ça ?

— **Un gâteau aux fraisins**, répondit Mastoc. **Mon chef-d'œuvre.**

— Vous voyez, coupa Kolb, c'est **exactement** le genre de choses que je pige pas. Tous ces nouveaux trucs... ça n'a **aucun sens**.

— De quoi tu parles ? demanda Mastoc.

— **Eh bien...**

Kolb nous expliqua que **le serveur du jeu, Aetheria**, était sensiblement **différent** du Minecraft normal.

Minecraft avait déjà pas mal changé depuis sa création il y a **30 ans de cela.** Mais en plus, le serveur d'Aetheria avait lancé un mode qui **altérait** encore davantage les règles du jeu.

Les **fraisins** étaient de ces nouvelles choses incluses dans ce **mode**. Ils poussaient sur des blocs de feuilles qui ressemblaient à des buissons. Et ces **fruits bleus** et **jaunes** pouvaient être utilisés dans tout un tas de recettes : cookies aux fraisins, thé aux fraisins, crêpes aux fraisins...

— Mais pas dans **des gâteaux**, dit Kolb. Cette recette n'était tout simplement **pas intégrée** dans **le code du jeu.** Quelqu'un l'a suggéré un jour sur le forum, mais **Entité** ne l'avait encore jamais **inclus** au programme. Certains d'entre nous pensent que quoi qu'il se soit passé pendant l'Événement, ça a débloqué **une version alternative** du serveur. **Une mise à jour** élaborée par Entité.

— Tu m'as perdu, dit Max. Bon, oublions tout ça. Dis-nous-en plus sur le fait que tu sois **un Sauveur.**

Kolb prit une **grande** inspiration.

— **Entité** a ajouté ce qu'on appelle **des quêtes.** Par exemple, tu vas parler à un villageois, et ce villageois te demande de lui ramener de la lave, ou n'importe quoi. **Bam**, voilà que tu as **une quête.** Alors, tu vas remplir un seau de lave pour le ramener au villageois, il te donne **une récompense** et le serveur t'accorde **des points d'expérience,** et ta quête est terminée. Bon, **euh,** en gros, je pense qu'on m'a attribué **une quête spéciale.** Il y a **trois types** différents de quêtes. Premièrement, **les quêtes ordinaires.** Du genre simple, comme aller chercher quelque chose pour un villageois. Ensuite, il y a **les quêtes chaînées.** Tu complètes une quête, qui te mène à une autre, qui te mène à une autre. Pour finir, tu as **les arbres** de quêtes. C'est plus **compliqué** et non linéaire. Le fait que je sois **un Sauveur** n'est qu'une partie d'un **grand** arbre de quêtes.

— Et qu'est-ce que tu es censé faire ? demandai-je.

— Je dois **reforger** ça.

Kolb sortit **une épée** de son inventaire. La lame était **brisée**.

Dégâgnarok

(Veuillez pardonner la qualité de mon dessin. C'est pas facile, avec des pattes. En vrai, son épée a l'air carrément plus cool que ça.)

– Je reconnais **ce métal**, dit Max. Ce reflet **arc-en-ciel...** c'est de **l'adamant**, pas vrai ?

– Oui. C'est **Dégâgnarok**, l'une des **épées** créées par **Entité** il y a des milliers d'années. Il me l'a **donnée** dans le jeu, avant que tout ne devienne noir. Il a dit que c'était **l'un des plus puissants** objets **jamais** créés.

Mastoc n'avait pas l'air spécialement **impressionné**.

— Si elle est **si puissante**, comment ça se fait qu'elle soit **cassée ?**

— Ça fait juste partie de **la fable**. Entité a écrit **l'histoire détaillée** sur le serveur. Selon **la légende**, Herobrine aurait essayé de **détruire** l'épée pendant **la Seconde Guerre**. **Sept fragments** sont éparpillés, partout dans le monde. Si je les trouvais, je pourrais **reforger** la lame. Chaque fragment ajouté à la lame augmentera **les compétences de l'épée**. Les dégâts, la vitesse d'attaque, **tout ça**. Le problème est de **trouver ces fragments**.

— **J'en ai vu un !** m'exclamai-je tout **excité**. Il y a quelques jours, dans le Nether.

Je lui parlai de **Rarg** et du fait qu'il avait emporté **le trésor secret d'Endernova**. L'humain m'écouta attentivement.

— Je dois dire que j'ai été un peu trop **préoccupé** par les problèmes d'ici, récemment. Peut-être que je devrais aller leur rendre **une petite visite ?**

Max ouvrit de nouveau l'énorme livre.

— Tu as dit qu'Herobrine avait essayé de **détruire l'épée**. Regarde. Ils en parlent dans le livre.

— C'est **la fable,** répondit Kolb en feuilletant le livre. Mais elle n'est **pas complète**. La fable entière fait plus de **1 000 pages**.

Entité a écrit tout ça en deux ans. Puis quand il a été trop occupé par la **programmation**, il a désigné plusieurs joueurs **scribes** pour qu'ils continuent d'écrire l'histoire.

— Mais tu as dit qu'Entité avait **forgé** cette épée il y a des milliers d'années, dit Mastoc.

— **C'est vrai.** Après que l'Événement est arrivé, c'est comme si tout ce qui était écrit dans la fable était **devenu réalité.**

*(Hum. Bon. La prochaine fois que je monte d'un **niveau**, il faut vraiment que j'augmente ma compétence « intelligence supérieure », parce que là je comprends rien du tout.)*

De ce que j'ai pu **comprendre** jusqu'à présent :

    1. Il y avait un jeu de **réalité virtuelle** sur Terre appelé **Minecraft.**

    2. Juste avant **la fin du monde**, Kolb est entré dans le jeu pour dire au revoir à ses amis.

    3. Juste avant leur dernière heure, **l'Événement** est arrivé, tous les joueurs ont perdu connaissance et se sont réveillés ici, et le jeu était **mystérieusement devenu réel.**

Je jetai un coup d'œil en direction du gâteau aux fraisins.

— Je peux **manger** maintenant ?

– Bien sûr, dit Mastoc en me tendant une part. Y a rien de meilleur que du fait maison.

Après avoir reniflé la part une dernière fois avec méfiance, je l'engloutis en une bouchée... et recrachai des miettes aussitôt.

– Est-ce... que ça... se mange vraiment ?!

Ce fut la goutte d'eau qui fit déborder le vase. Mastoc était déjà de sale humeur après que j'ai dévoré presque tout son stock de sucre (du sucre qu'il avait préparé d'après la recette spéciale de sa mère, un secret familial qui se transmettait de génération en génération), et maintenant je me permettais d'insulter sa cuisine ? On aurait dit un creeper en costume de villageois, sur le point d'exploser.

Ce matin, un garçon du nom de **Bumbi** m'apprit à **bâtir**.
Enfin, je crois.

J'étais censé construire **une maison à poules** derrière l'école.
*(Je crois que ça s'appelle un « poulailler », mais Bumbi n'arrêtait
pas de dire « maison à poules ».)*

*Ça avait plutôt bien commencé.
Il m'avait donné quelques blocs
de chêne que j'empilais.
C'était pas mal.*

Puis il arrêta de me donner des **blocs de chêne** parce qu'il n'en avait
plus. *(C'est vraiment un prof ? Un prof ne devrait-il pas être plus
préparé ?)*. Heureusement, il avait quelques **blocs de pierre**.

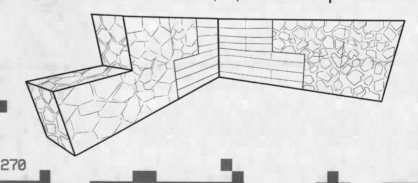

Quand il fut à cours de ça aussi, il me donna du **gravier**. Puis des
citrouilles.

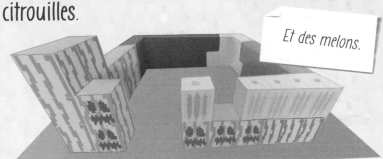

Et des melons.

Je ne suis pas un expert, mais je
suis à peu près sûr que ce gars
n'a aucune idée de ce qu'il fait.

Dans le monde de Bumbi,
c'est à ça que ressemble
une maison de poules.

Comme il n'avait plus de
matériaux à me donner,
il décida que j'allais utiliser
du sable pour le toit...
Ça n'a pas trop marché.

271

Les escaliers en chêne sont **bien meilleurs** pour construire un toit, m'a-t-il dit. Et quand tu as utilisé tous les escaliers, **eh bien...** Tu peux utiliser des clôtures. **Ouais. Bonne idée.**

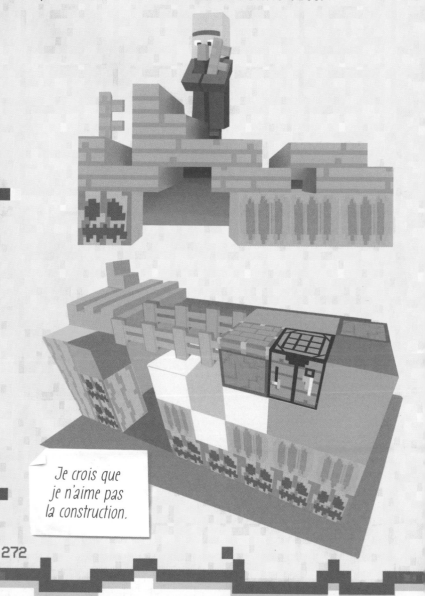

Je crois que je n'aime pas la construction.

Oh mais attendez ! Une maison de poules qui se respecte doit avoir une porte, **pas vrai ?**

Et utiliser des **plaques de pression** va certainement tout simplifier.

J'étais tellement content quand cette « leçon » fut terminée. Tellement content.

Un peu plus tard, je retrouvai **Alizée**.

Elle vit tout de suite que **quelque chose** n'allait pas. Elle n'arrêtait pas de me demander à quoi **je pensais**.

Et elle devinait bien que ce n'était pas à cause de cette **horrible** expérience avec Bumbi. Elle savait que c'était quelque chose de **sérieux**.

J'avais envie de tout lui raconter de ce qu'on avait appris hier avec **Kolb**, mais **j'avais promis** de ne rien dire. Vivons-nous vraiment dans **un jeu ?** Est-ce que c'est vrai que je ne suis qu'un **personnage ?** Si je ne suis vraiment qu'un **personnage non joueur**, comment se fait-il que je sois **capable de penser**, que j'aie des **sentiments... ?**

Et mes **souvenirs ?** Ma vie d'avant ? Tous ces jours passés en tant que **chaton joueur...** Ces souvenirs seraient donc **faux ?**

Je suis **déterminé** à en apprendre davantage sur mon **existence**. Je veux découvrir qui je suis. **Ce que je suis.** Il doit bien y avoir une raison à tout ça. **À ce monde. À moi.**

Soudain, je me rappelai des mots de **Rarg**. Que parfois il lui arrivait de ne pas **se sentir réel**. Je me sens pareil quand je suis **fatigué** ou **stressé**. Se pourrait-il que ce soit parce que je ne suis rien d'autre **qu'un... ?**

— C'est rien, dis-je. Juste **une sale** journée.

— T'es sûr ?

— **Ouais.**

Tandis qu'on se promenait dans les rues, j'aperçus de nouveau ce vieil homme bizarre. **Korbius.**

Alizée le vit aussi. En fait, c'était plutôt **difficile** de ne pas le voir. Il se tenait juste à dix blocs de nous, **caché derrière des fleurs.**

Alizée marcha droit vers lui.

— Pourquoi vous nous **espionnez ?**

L'homme recula, **confus.**

— Comment ? **Moi ?** Vous **espionner ?!** Que nenni, j'étais seulement... en train **d'admirer ces fleurs !** Oui, voilà ! **J'adore les fleurs !** Je suis un grand connaisseur !

— **Ah Oui ?** Dans ce cas, vous pouvez me dire de quelle couleur est un œil-de-hibou ?

— Eh bien, **hummm...** Je ne crois pas avoir jamais entendu parler d'une telle fleur. Se pourrait-il que j'aie rencontré une personne encore **plus cultivée** que moi ? C'est **incroyable** !

— Dites-nous simplement pourquoi **vous nous suivez**, le coupa Alizée. Je vous ai vu à l'école. Au **Château Fashion** aussi.

(Sérieusement ? Elle doit avoir de sacrément bons yeux, parce que moi, je n'ai rien vu. Même si j'ai effectivement eu le sentiment que quelqu'un nous épiait.)

— Une simple **coïncidence**, dit-il. Après tout, je suis un commerçant voyageur. **Je me déplace beaucoup** !

— Tant pis. À la prochaine.

Après qu'elle eut prononcé ces mots, **Korbius** fit un grand sourire et dit :

— Oh, **certainement**. Je vous verrai très **prochainement**. Soyez-en sûre.

Alizée le dévisagea pendant un bon moment, puis se tourna vers moi.

— Allez. **On y va.**

— C'est quoi **son problème ?** m'exclamai-je. Il était vraiment en train de nous suivre ?

— Oui. **Écoute**, il faut vraiment que j'aille parler à mon père. Tu devrais peut-être aller **te reposer**, maintenant que ton entraînement est terminé. On se retrouve à la maison ?

– D'accord.

– Au fait, mon père est d'accord pour que je **t'adopte**.

– **Adopte ?** Qu'est-ce que c'est ?

– Ça veut dire que maintenant, ma maison est **la tienne**.

– Pour **toujours ?**

Elle sourit.

– Pour **toujours.**

Cette nuit, je fis d'horribles **cauchemars**.

Je n'arrêtais pas de penser à ce que **cet humain** avait dit.

Et **Minus**. Quand est-ce que j'allais enfin le rencontrer ? Qu'allait-il **se passer** quand ce serait fait ?

Je me réveillai en plein milieu de la nuit et me mis à **gigoter** et à me retourner sans cesse sur **le tapis** de la chambre d'Alizée. Elle n'était pas **tranquille** non plus et bougeait beaucoup dans son lit. Peut-être faisait-elle des cauchemars, **elle aussi**.

Je ne sais pas trop pourquoi, **mais...** j'essayai d'utiliser **la pierre de parlotte**, une nouvelle fois. Toutes sortes d'images apparurent par flash sur la surface du cristal. Des images de personnes et d'endroits différents.

« Regarde-moi tous ces diamants, y en a partout ! »

« Oublie les diamants pour le moment. Tu vois cette veine ? »

« Oui. **Ouah,** c'est... euh... c'est quoi, S ? »

« Humain, monsieur ? Nous vous avons amené assez loin. Vous feriez mieux de ne pas aller au-delà de la rivière. »

« Ce biome est-il vraiment hanté ? »

« Papa pense que oui. Tout pousse bizarrement, là-bas. Les animaux se comportent de façon bizarre. Et puis... »

« Explorer l'Overworld est bien plus amusant que de bricoler des circuits de redstone toute la journée ! »

Soldat Lola, à vos ordres !

« As-tu réussi ? »

« Oui, **maître**. »

Est-ce que nous ne sommes vraiment que des personnages non joueurs... ?

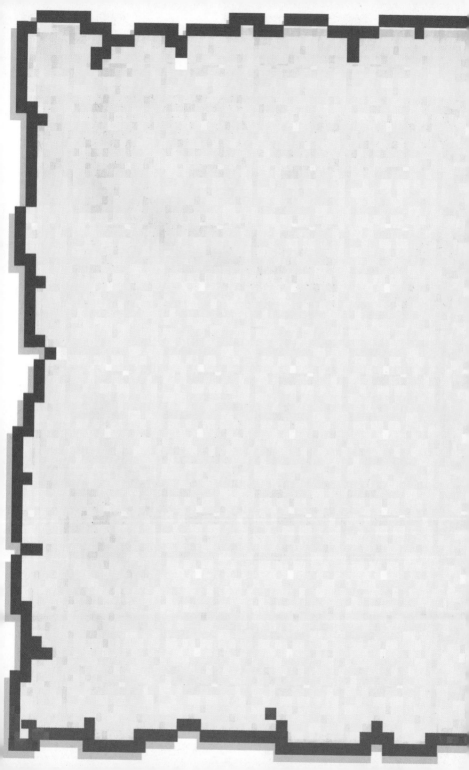

Cube Kid est le nom de plume d'Erik Gunnar Taylor, un jeune auteur de 33 ans qui a toujours vécu en Alaska, États-Unis. Grand amateur de jeux vidéo - et particulièrement de Minecraft -, il se découvre très tôt une passion pour l'écriture de fanfictions.

Son premier livre, *Wimpy Villager*, est sorti en février 2015 sous la forme d'un e-book et a immédiatement rencontré un important succès auprès de la communauté de joueurs Minecraft.
Découvert par les Éditions 404, le roman est publié pour la première fois en France en février 2016, et il fait désormais le tour du monde ! Avec cette nouvelle série, Cube Kid complète l'univers du *Journal d'un Noob*, et nous en apprend plus sur ses mystères.

Lorsqu'il n'écrit pas, Cube Kid voyage, bricole sa voiture, dévore des fanfictions... et joue à son jeu vidéo préféré !

www.404-editions.fr

f   404 éditions

    @404éditions

    @404éditions

    snap404éditions